KB240344

순례자의 노래

순례자의 노래

초판 1쇄 발행 2025년 12월 5일

지은이   이희우
펴낸이   송수자
펴낸곳   밥티조출판사

등   록   제2012-000009호
주   소   인천시 중구 홍예문로 68번길 4-5
전   화   010-2235-0714
이메일   hepsibasong@hanmail.net

ⓒ 2025. 이희우 all rights reserved.

값 18,000원
ISBN 979-11-994390-1-6 03230

본 책은 저작자의 지적 재산으로서 무단 전재와 복제를 금합니다.

의무가 기쁨으로 바뀐, 성전에 올라가는 노래

순례자의 노래

이희우 지음 ｜ 윤문선 그림

밥티조

추
천
의

글

성경에서 시편은 아주 독특한 책입니다. 하나님께서 자신의 뜻을 계시해 주시는 것이 아니라, 인간 편에서 자신 삶의 여정 가운데 경험한 하나님을 향한 고백입니다. 신앙인의 살아있는 고백이기 때문에, 고난을 겪을 때, 기쁨을 경험할 때, 승리할 때, 실패할 때 우리 마음에 가장 공감이 되는 내용들이 바로 시편입니다. 시편을 가까이할 때 우리는 체험적인 신앙의 맛을 경험하게 될 것입니다.

시편에 관한 책들이 많지만, 이 가운데 균형 있는 시각으로 깊이를 보여주는 책 한 권을 기꺼이 추천합니다. 바로 이희우 목사님이 쓰신 『순례자의 노래』입니다. 이 책은 시편 중에서도 특별한 여정을 담고 있는 '성전에 올라가는 순례자의 노래'(시편

120~134편)를 깊이 있게 해설한 귀한 저서입니다. 이 책을 읽으며, 저는 한 목회자의 깊은 묵상과 성경 해석자로서의 탁월한 통찰력이 어우러지는 모습을 보았습니다.

저자는 오랜 시간 목회 현장에서 시편을 깊이 묵상하면서 다양한 방법으로 이 메시지를 연구하고 그 열매들을 설교해 오신 분입니다. 저자의 글에서 나는 생명력과 진정성이 넘쳐나는 느낌을 받습니다. 이 책은 단순히 시편을 분석하고 해설하는 것을 넘어, 순례자의 삶이라는 거대한 주제를 통해 시편의 노래들을 오늘날 매일의 삶의 현장으로 끌어들입니다.

이 책의 가장 큰 가치는 고통의 현실을 외면하지 않는 정직함과 담대함에 있습니다. 저자는 시편을 그저 아름다운 찬양으로만 보여주는 것이 아니라, 고난과 탄식, 원망과 부르짖음이 가득한 솔직한 신앙고백임을 명확히 보여줍니다. 특히 시편 120편을 '평화 갈망의 노래'라고 제목을 붙이면서, 인생이 결코 소풍이 아닌 전쟁과 같다는 현실 인식을 바탕으로, 우리 영혼의 진정한 샬롬이 오직 하나님에게서 온다는 진리를 강조합니다.

또한 시편 121편을 '안전 갈망의 노래'라고 하며, 현대 사회의 불안정성을 직시하며, 인간이 구축한 그 어떤 안전장치도 무너질 수 있음을 일깨워 줍니다. 그러면서 우리의 진정한 도움은 오직 천지를 지으신 여호와 하나님께 있음을 선포하며 독자들이 주님을 향한 절대적인 신뢰를 갖게 합니다.

이 책은 단순히 개인의 고통을 다루는 데서 그치지 않고, 공동체의 연합과 회복이라는 큰 그림을 제시합니다. 시편 126편을 '눈물의 노래'라고 하며, 공동체가 함께 흘리는 눈물과 기도, 그리고 회복의 기쁨을 생생하게 그려내기도 합니다. '남방 시내들'과 같이 메마른 땅에 회복의 물길을 터주시길 간구했던 순례자들의 마음을 헤아리며, 오늘날 와해된 공동체 의식과 사회적 갈등 속에서 우리가 나아가야 할 길을 보여주고 있습니다. 이처럼 저자는 시편의 메시지를 개인의 영적 여정뿐만 아니라, 교회와 사회를 위한 공동체의 노래로 확장하는 탁월한 해석을 보여주고 있습니다.

저자가 해석과 적용의 균형을 잃지 않고 있는 것도 이 책의 귀한 가치입니다. 유진 피터슨, 칼 바르트와 같은 저명한 신학자들의 견해를 인용하며 깊이 있는 신학적 토대를 제공하는 한편, 신일덕 기장의 간증과 같은 실제적인 사례를 들어 성경 말씀이 우리의 삶 속에서 어떻게 살아 역사하는지를 감동적으로 증언해 주고 있습니다. 이는 독자들에게 말씀이 머리에서 가슴으로, 그리고 삶의 현장으로 이어지는 경험을 하게 해 줄 것입니다.

무엇보다 저자는 시편의 노래들을 '예배자의 노래'로 재해석함으로써, 우리에게 예배의 본질을 되새기게 합니다. 시편 132편을 통해 다윗이 간절히 소망했던 여호와의 처소, 즉 하나님의 임재를 향한 갈망을 이야기하며, 마침내 그 임재를 경험한 예배자의 벅찬 감격을 보여주고 있습니다. 그리고 이 감격은 '밤새 부른 해피송'이라고 제목을 붙인 시편 134편으로 이어져, 어떠한 상황 속에서도 변치 않는 하나님을 찬양하는 기쁨이 될 수 있음을 보여줍니다. 이는 우리 모두가 진정한 예배자로 거듭나기를 소망하는 저자의 간절한 목회적 마음이 담겨 있다고 생각합니다.

이 책은 고통과 상처 속에서도 하나님을 향한 신뢰를 잃지 않고, 나아가 복수의 칼날 대신 화평을 선택하는 순례자의 모습을 제시합니다. 이는 오늘날과 같은 갈등과 반목의 시대에 우리 그리스도인들이 어떻게 살아가야 할지 분명한 길을 보여주는 이정표와 같습니다. 저자의 탁월한 통찰력과 깊은 영성이 담긴 이 책을 통해, 우리의 삶이 고난 중에도 기뻐하고, 눈물 속에서도 노래하는 진정한 순례자의 여정으로 변화되기를 간절히 소망합니다.

이 책을 통해 하나님께서 주시는 영원한 '샬롬'을 경험하고 그분의 은혜로 충만한 삶을 살아가시기를 기원하며, 모든 분에게 망설임 없이 추천합니다.

이현모 교수
전 한국침례신학대학 선교학 교수
현 한국침례신학대학교 명예 교수

추
천
의

글

저자께서 설교와 글쓰기에 탁월하다는 것은 이미 잘 알려진 사실입니다. 강단을 통해 전해지는 저자의 설교가 교회와 성도들의 삶을 풍성하게 하고 영적 부흥을 경험하게 합니다. 또한 10년간 쓰신 인천기독교신문 사설 모음집 『십자가로 꽃핀 사랑』을 출간하고, 그리고 인천광역시 중앙도서관의 요청으로 『룻, 들에 핀 꽃이 되다』를 발간하셨고, 두 달 전에는 개정판으로 『사랑이 피어나다』(룻기, 절망 중에 피어난 사랑이야기)를 발간하셨습니다. 그뿐만 아니라, 17년간 극동방송의 "소망의 기도" 코너 진행과 방송 설교를 통해 수많은 청취자에게 큰 위로와 도전을 주셨습니다.

오랜 세월 동안 강단을 통해 창세기, 출애굽기, 여호수아서, 사무엘서, 시편, 느헤미야서, 룻기, 요나서, 요한복음, 마가복음,

사도행전, 로마서, 빌립보서, 요한서신서 등을 강해하며 강해 설교자의 본을 보여주신 저자께서 이번에는 시편 120편부터 134편에 소개되는 "성전에 올라가는 순례자의 노래"를 강해하여 책으로 내셨습니다. 이 책이 아래와 같은 특징과 장점들이 있기에 많은 독자에게 기쁜 마음으로 추천합니다.

1. 저자는 구약학자들이 시편을 이해하는 데 필수 요소로 간주하는 '삶의 자리'(삶의 상황)에 관해 쉽고도 명확하게 풀이해 줍니다. 아울러 현재의 독자들이 씨름하고 있는 삶의 상황들과 연관 짓고 있습니다. 그래서 시편 120편부터 134편에서 소개되는 고대 이스라엘 순례자의 노래가 독자들의 인생 순례 중에도 부를 수 있고, 불러야 하는 노래로 깨닫도록 도와줍니다.

2. 저자가 이 책에서 다루는 주제들은 결코 추상적이거나 탁상공론이 아닙니다. 시편마다 독자들이 인생 순례 중에 경험하는 실존적인 문제들과 거룩한 해결책들을 소개하고 있습니다: 평화, 안전, 은혜, 감사, 회개, 기도, 눈물과 웃음, 복된 가정, 고난과 절망, 겸손, 예배의 즐거움, 공동체 연합의 중요성 등. 그리하여 누구나 추구하고 있는 삶의 평안과 안전을 발견하는 길, 하나님의 은혜를 잊지 않는 길, 눈물을 웃음으로 바꾸는 길, 복된 가정을 만드는 길, 고난과 절망을 벗어나는 길, 예배의 감격을 유

지하는 길, 교회 공동체의 연합을 유지하는 길 등을 잘 제시하고
있습니다.

3. 이 책은 고대 이스라엘 백성들이 순례길에서 만든 신앙고
백과 기도를 통해 삶과 신앙의 교훈을 제시하면서도, 궁극적으
로는 본문을 통해 예수 그리스도를 소개합니다. 그리고 그리스
도께서 성도들에게 제공하는 삶의 다양한 복들을 다시 기억하도
록 돕습니다.

4. 이 책은 저자가 평생 읽어온 수많은 책 속에서 발견한 주옥
같은 명언들과 감동적인 이야기들을 많이 나누고 있습니다. 또
한 독자들의 마음에 내적인 쉼과 흥을 제공하는 아름다운 시와
노래들을 많이 소개하였습니다. 그래서 이 책에서 다루는 시편
본문들이 산문이 아니라 시와 노래라는 것을 무언으로도 깨닫게
만들고, 이 본문들을 시와 노래로 즐길 수 있도록 도와줍니다. 그
러므로 설교자들은 설교를 위한 좋은 예화를 건질 수 있고, 성도
들은 오래 기억하며 함께 나눌 수 있는 건강한 이야기, 시, 노래들
을 얻을 수 있습니다.

5. 이 책의 또 하나의 특징은 저자가 보여주는 유머입니다. 건
강하고 유익한 유머로 웃음을 머금게 만드는 예화들, 노래들, 시

들, 그리고 문장 하나하나가 전쟁, 불안, 눈물, 고난, 절망, 외로움 등과 힘겹게 씨름하는 독자들이 어려운 상황 속에서도 결코 삶에 대한 긍정적인 마음과 결단을 잊지 않도록 해주는 치료제가 될 것입니다.

『순례자의 노래』가 독자들의 인생 순례에 거룩하고 유익한 길잡이가 되어 줄 것을 확신하며 이 책을 기쁜 마음으로 추천합니다.

이형원 목사
전 한국침례신학대학교 구약학 교수
현 반포침례교회 담임 목사

차례 _

1

평화 갈망의 노래

시편 120편 강해

곤경에 처한 이 몸
하나님께 부르짖었네
간절히 응답을 구하네

"하나님, 구해주소서!
만면에 미소를 띠고
입술에 침도 바르지 않은 채
거짓말을 해대는
저들에게서 나를 구하소서!"

너희, 얼굴에 철판을 깐 사기꾼들아
앞으로 무슨 일이 닥칠지 알기나 하느냐?
날카로운 화살촉과 뜨거운 숯덩이가
너희가 받을 상이다

메섹에 사는 내 신세
게달에 눌러앉은 지긋지긋한 내 신세
쌈박질 좋아하는 이웃 사이에서
평생을 이리저리 부대끼며 사는구나
나는 평화를 바라건만
악수를 청하면 무럭대고 싸움을 걸어오는 저들!

(시편 120:1-7 Message 성경)

시편 120~134편까지 15개 시편은 모두 다 "성전에 올라가는 노래"(songs of degrees)라는 표제가 붙어 있다. 공동번역에서 '순례자의 노래'라는 표제가 붙으면서 '순례자의 노래'라고 불리는 시편들이다. 매튜 헨리는 자신의 『매튜 헨리 주석 *Matthew Henry's Commentary*』에서 "표제에는 큰 의미를 두지 말라"고 했다. 그 이유는 "표제는 발행인이 붙인 것 같고, 그 어디에도 표제에 관한 설명이 없으며, 유대 학자들도 단지 그 뜻을 추측할 뿐이기 때문"이라고 했다.

동일 필자도 아니고 동시대에 쓰인 것도 아닌 것 같은 이 노래들은 몇 가지 특징이 있는데 첫째는 짧다는 것이다. 15개의 시편 중 세 편(132편, 135편, 136편)만 길고 나머지는 모두 짧다. 세 편(131편, 133편, 134편)은 딱 세 절뿐이다. 이 시들이 시편 중 가장 긴 119편 바로 다음에 이어진다는 것도 흥미롭다.

두 번째는 구성면에서 절정에 이르면 앞에 나온 말을 반복하며 강조한다는 것이다. 120편의 "내가 화평을 미워하는 자들과 함께… 나는 화평을 원할지라도"가 그렇고, 121편의 "나의 도움이 어디서 올까 나의 도움은…"도 마찬가지고, 123편의 "여호와여 우리에게 은혜를 베푸시고 또 은혜를 베푸소서"도 반복하며 강조했다.

세 번째는 유대인 남자들이 유월절, 오순절, 초막절에 1년에 3번 예루살렘 성전을 방문할 때 노래한 시라는 것이다. 유진 피터슨(Eugene H. Peterson)은 자신의 책 『한 길 가는 순례자』 서문에서 "봄이면 유월절을 맞아 하나님의 구원을 새롭게 기억하고, 초여름 오순절에는 하나님의 언약 백성으로서 헌신을 재다짐하며, 초막절이 있는 가을에는 하나님이 베푸신 최상의 결실에 대한 복 받은 유대 공동체로서의 반응"이라 했다. 그들은 이 시들을 외우며 성전에 올라갔다. 특히 디아스포라(διασπορά), 먼 타국에 사는 사람들은 평생 몇 번 가는 것이 쉽지 않았기 때문에 순례자들은 예배를 준비하는 마음으로 이 노래들을 부르며 예루살렘으로 올라갔다. 그래서 이 시들이 순례자들에게는 감격이 있는 찬양이자 기도였다.

타향에서 이방인들과 섞여 거의 일생을 살던 사람들은 우상 문화를 이겨내야 했을 뿐 아니라, 때로는 야만적이고 거친 이방인들로 인해 상처받으면서도 그리스도인으로서의 선한 영향력을 드러내야 했기에 이 노래를 부르며 감격하지 않을 수 없었다.

성전으로 올라가는 순례자들은 저 멀리 예루살렘이 보이면 그때부터는 기어서 갔다는 설도 있다. 그러나 요즈음 순례자들

순례자의 노래

의 목적지는 이제 성전이 아니라, 예수님이 돌아가신 골고다 언덕의 십자가로 바뀌기는 했지만 순례자들이 목적지를 향하여 가면서 즐겨 부르던 '순례자의 노래,' 이 노래들은 때때로 성전 층계 송으로 불리기도 했다. 이스라엘 성전에는 니카노르 문이 있는데 성소를 가로지르는 육중한 문이다. 이 문은 '여인의 뜰'에서 '이스라엘의 뜰'로 올라가는 곳에 있으며, 여인들은 이 문 앞에 서면 더 이상 들어가지 못했고, 남성들이나 제사장들만이 들어갈 수 있었다. 이 문 앞에는 둥근 모양으로 된 15개의 계단이 있는데 미쉬나 (משנה)에 의하면, 초막절에 레위인들이 '순례자의 노래' 15편을 한 계단 오를 때마다 한 편씩 악기와 더불어 노래했다고 한다. 그래서 시편 120편의 제목을 '평화 갈망의 노래'라고 붙여본다.

응답하셨도다

시편의 시들은 계절에 맞춰 읽는 시도 아니고, 대부분 편안하게 읽을 시도 아니다. 당장 1절을 보더라도 "내가 환난 중에 여호와께 부르짖었더니…," 시작부터가 탄식이다. 양식사의 아버지라 불리는 독일 개신교 구약학자 헤르만 궁켈(H. Gunkel)이 시편을 찬양시, 탄식시, 감사시, 지혜시, 왕의 대관시 등으로 분류했는데, 탄식시가 찬양시보다 더 많다. 전체 시편 150편 중 1/3 정도가 개인 탄식시일 정도다.

성경을 필사할 때는 시편 대부분이 짧아서 필사하기 좋을지 몰라도 사랑하는 사람을 행복하게 하려고 들려줄 시로 생각했다가는 분명 후회할 것이다. 왜냐하면 '살려 주소서, 억울합니다, 복수해 주소서.' 이런 탄식과 원망이 너무 많기 때문이다. 그러나 이런 것이 진짜 우리네 인생이 아닐까? 고난 없는 인생이 누가 있겠는가? 너무 고달파서, 하소연할 곳조차 없어서 하나님을 찾고 기도하면 그래도 시원하기에 부르짖는다. 또 응답 주시면 인생 한고비를 넘길 수 있기에 기도하며 산다.

이 시편은 에돔 사람 도엑이 사울 앞에서 다윗을 비난할 때, 다윗에 의해 기록된 것으로 추측하기도 하는데, 그 이유는 시편 52편과 유사하기 때문이다. 시인은 지금 여호와의 회중에서 떠나 타향살이를 너무 오래 한 것을 탄식하며, 자신이 야비한 사람 중에서 괴로움을 당하고 있다고 탄식한다.

그런데 순례자들은 순례길에 오르며 이 시를 읽는다. 일이 마무리되거나, 한가롭게 순례를 떠나는 것이 아니기 때문이다. 순례의 길을 나서기는 하지만 불안하기 그지없다. 자신의 처지가 120편의 시인처럼 환난 중에 부르짖을 수밖에 없고, 사기꾼들과 기만자들의 거짓된 입술과 속이는 혀로 인해 숨이 막힐 지경에 있다. 시인처럼 "내 생명을 건져달라"고 외쳐야 할 처지이기에, 순례길에 오르는 것도 쉽지 않다. 가야 할 거리도 멀고, 가족들이 함께 가는 것도 아니고, 또 가는 길에 무슨 일을 당할지도 알 수 없다. 어찌 보면 무모하게 보일 정도로 두고 가는 가족들의 안전도 자신의 안전도 보장된 것이 없는 상태에서 순례에 나선 것이다. 인생을 소풍이라고 표현하는 사람들도 있지만 그들에게 인생은 소풍이 아니라 전쟁이었다.

이런 것들을 감안하고 시편의 찬양을 살펴본다면 시편의 찬양은 진흙 구덩이나 황무지에 핀 꽃과 같다. 아름다운 정원이나 온실에서 아름답게 꽃을 피운 것이 아니고 진흙 구덩이나 황무지에서 정리되지 않아 엉클어진 모습으로 피우는 꽃, 깊은 수렁에서 일어나는 모든 일을 다 겪으면서 피우는 아름다운 꽃인 셈이다. 그렇다! 비록 우리의 평화가 전쟁터에서 잠깐 누리는 평화요, 안식일지라도 그 순간을 즐기며 살아야 한다.

시인은 거짓된 혀로부터 구원받았다는 것이 너무 감사하다. 자신의 심장을 멈추게 하려고 면전에서는 미소 짓고, 입 맞추고, 우정을 빙자하여 친한 척하며, 악한 계획을 도모하는 야비한 자들, 거짓된 고소자들, 그래서 자신의 명성이 더럽혀지고, 증오의 대상이 되었지만, 시인은 그들과 함께 사는 전쟁터 같은 인생에서도 감사하며 찬양한다. "내가 환난 중에 여호와께 부르짖었더니 내게 응답하셨도다"(1절). 존 베일리(John Bailey)의 표현처럼 "갈림길을 비추어 주는 불빛 같은 하나님"을 찬양하는 것이다. 시인은 악한 자들을 막을 다른 방법이 없어서, 자신을 파멸시키려고 생명을 위협하는 그들의 거짓된 입술과 속이는 혀에서 "내 생명을 건져 주소서"라고 하나님께 기도한다. 그런데 하나님은 그 기도에 응답하신다. 시인은 하나님의 응답이 너무 기쁘고 감사해서 '부르짖는다. 그리고 응답하셨다'고 노래한다. 히브리어 구조인데 실제 응답이 있었는지 지금까지 늘 그랬듯이 하나님이 응답해 주실 것을 확신한다는 것인지는 확실치 않지만 이것이 믿음이다. 하나님은 기도하면 응답하신다!

우리의 한숨과 탄식 소리를 듣고 우리가 부르짖을 때 응답하시는 하나님, 이것은 악인의 계획을 막는다는 뜻이고, 그들의 거짓된 입술로부터 하나님이 당신의 사람들을 보호하신다는 확신이다. 두려워할 이유가 없다. 염려하지 말고 믿어야 한다. 우리의 싸움은 들으시는 하나님 덕분에 이미 이긴 싸움, 하나님은 오늘도 우리에게 승리의 하나님이시다.

생명을 건져 주소서

시인도 디아스포라 유대인인 것 같다. "메섹에 머물며, 게달의 장막 중에 머무는 것이 내게 화로다"(5절), '메섹'은 노아의 아들인 야벳의 아들이며, 전투력이 뛰어나고 호전적인 산악부족이다. '약탈'이라는 뜻의 이름을 가진 메섹은 하나님의 백성을 침략할 사악한 부족이다. 그리고 '게달'은 이스마엘의 둘째 아들, 하나님을 대적하는 자들을 의미한다. 그러니 메섹과 게달은 이방 족속으로 이들과 함께하는 것 자체가 고통이다. 야만적이고 거친 사람들과 함께 사는 유대인들은 기존 세력들이 볼 때는 이방인이고, 난민이고, 소수자가 아닌가. 마치 이물질과 같은 존재들이었으니, 그들이 잘사는 것이 싫었을 것이다. 아니, 싫은 정도가 아니라 위협하고, 재산을 빼앗고, 심지어 죽이고 싶은 존재들이었을 수도 있다. 그래서 시인은 부르짖는다. "내 생명을 건져 주소서"(2절).

　얼마나 힘들었으면 그들의 공격 방식을 시 곳곳에서 표현했다. 1절의 '환난', 2절의 '거짓된 입술', '속이는 혀', 3절의 '속이는 혀', 6절과 7절의 '평화를 미워하는 자들'… 이 표현을 볼 때 그들은 주로 말로 공격을 당했다. 맞다. 소수자를 향한 공격은 항상 말로부터 시작된다. 온갖 혐오의 말과 거짓, 꼭 참소하는 마귀 같다. 거기서 멈추는가? 아니다. 그들은 멀쩡한 사람에게 소송을 건다. 재판하거나 권력을 동원해 재산을 빼앗고, 신체를 구속한다. 그리고 마지막에는 칼로 죽이거나 추방한다. 그래서 이방 땅에서 독한 말과 혐오와 거짓말로 고통을 당하던 시인은 '내가 이 땅에 너무 오래 거주하였나?'(6절) 하며 후회한다. 유진 피터슨은 시편 120편의 메시지를 '회개'라고 했다. 순례자들도 같은 심정이었을 것이다. 그들은 성도(聖都) 예루살렘이 가까울수록 여기가 진정 내가 살아야 할 곳이 아닌가 하고 생각했을 것 같다. 왜냐하면 그들이 성도 예루살렘을 너무 그리워했기 때문이다.

어디에 살든 이웃이 중요한데 시인이 사는 이웃 주민들은 악했던 모양이다. 간혹 착한 사람들도 있었겠지만, 집단 논리가 문제였을 수도 있다. 우리나라만 보더라도 그렇다. 사람이 집단 논리에 갇히면 착한 사람도 악마가 된다. 얼마나 힘들었던지 시인은 하나님께 호소한다.

"너 속이는 혀여 무엇을 네게 주며 무엇을 네게 더할꼬 장사의 날카로운 화살과 로뎀나무 숯불이리로다"(3~4절)

온갖 거짓과 독설을 내뱉는 바로 그 독사의 혓바닥에 전능자의 화살이 내리꽂힐 것이라 했다. 그리고 분노와 음모로 가득한 그 입에, 활활 타고 잘 꺼지지 않는 로뎀나무 불이 붙어 그 입을 태울 것이라 했다. 맹렬한 열기로 오랫동안 타는 불꽃, 이것이 거짓을 사랑하며 거짓말을 지어내는 사람들이 받게 될 대가라는 것이다.

시인은 하나님의 복수를 기대한다. 마치 계시록 마지막 장의 분위기와 같다.

"개들과 점술가들과 음행하는 자들과 살인자들과 우상 숭배자들과 및 거짓말을 좋아하며 지어내는 자는 다 성 밖에 있으리라"(계 22:15)

그렇다. 하나님은 믿는 사람들의 생명은 건지시고, 악인들은 반드시 심판하실 것이다. 억울하고 분통 터지는 일이 있더라도 믿고 맡겨야 한다. 하나님께서 반드시 심판하실 것이기 때문이다.

평화를 주소서

시인이 다윗이라면 그는 용사인데 7절에 보니, "나는 화평을 원한다"고 말한다. 맞다. 다윗은 모든 사람과 더불어 화평하길 원했던 평화의 사람이었다. 누구와도 불화하길 원치 않았다. 원문의 "아니 샬롬(אני שלום)", '나는 화평이다'라는 말을 통해 볼 때 시인은 본질적인 평화의 사람, 평화를 사랑하고 평화를 추구하는 사람임이 분명하다. 캐릭터의 기본 설정값이 '평화'랄까? 모든 것의 목표가 평화인 사람, 평화를 위해 자기를 부정하고, 양보하고, 평화를 기뻐하고, 평화를 기원하며, 평화를 위해 모든 것을 받아들이는 사람이다.

그런데 대적자들은 싸움을 거는 난폭한 사람들, 그들은 그저 싸우려고 덤벼든다. 하지만 로마서의 "할 수 있거든 모든 사람과 더불어 화목하라"(롬 12:18)는 말씀대로 그들이 싸우려고 하면 할수록 시인은 더욱 평화를 추구한다. 격렬한 야만인들은 무자비하며 불행을 초래하는 사람들이지만 같은 방법으로 이길 생각이 없다. "아무에게도 악을 악으로 갚지 말고 모든 사람 앞에서 선한 일을 도모하라"(롬 12:17)는 말씀처럼 복수를 원하지만, 악을 악으로 갚을 생각이 없다.

자신을 공격하는 사람들과 평화롭게 지내기가 쉬운 일인가? 아니다. 결코 쉽지 않다. 평화는 그저 비둘기로 상징되는 것이 아니고, 소박하고 서정적인 산촌의 풍경화로 대체되는 것도 아니다. 어떤 교수는 평화의 직접적인 뜻을 '전쟁이 없는 상태'라 했다. 분쟁과 갈등이 없는 상태에서 그 순간이 깨어지면 전쟁이라는 것이다. 포탄이 떨어지는 전쟁터도 있지만 일상에서 날마다 치르는 전쟁도 다양하다. 입시 전쟁, 입사 전쟁, 교통 전쟁, 마케팅 전쟁… 등등. 생각해 보면 평화만큼 다르게 해석되는 말도 흔치 않은 것 같다. 누군가에게 평화는 그저 햇살 좋은 날 해변에 누워 주스 한 잔을 곁에 두고 음악을 듣는 순간이지만, 다른 누군가에게는 오늘 밤 자는 동안 머리 위로 포탄이 떨어지지 않는 것이 평화다. 삶과 죽음을 가를 만한 평화는 잃어봐야 비로소 그 소중함을 깨닫는다. 식구들이 오순도순 모여 같이 밥 먹고, 도란도란 나직한 목소리로 정답게 이야기를 나누는 것, 그게 진정한 평화였음을 평화의 사치를 누릴 때는 깨닫지 못한다. 그렇다. 우리의 일상은 사치스러운 평화였다. 대화와 타협, 수용과 공존, 다양성의 인정이 필요하지만, 평화를 잃은 한국 사회, 그리고 전쟁 중인 국가들, 모두 다 평화를 갈망하고 있다.

시인도 그 평화를 원한다고 노래한다. 순례자들도 마찬가지다. 어쩌면 시편 84편 10절의 심정이었을 것 같다.

> "주의 궁정에서의 한 날이 다른 곳에서의 천 날보다 나은즉 악인의 장막에 사는 것보다 내 하나님의 성전 문지기로 있는 것이 좋사오니"

단순한 피신이 아니다. 순례자들은 지금 평화를 원하는 마음으로 평화의 도성 예루살렘으로 올라가고 있다. 자신의 힘으로는 할 수 없음을 알고 평화의 왕을 바라보는 심정으로 순례길을 가는 것이다.

시인이나 순례자들이 그토록 원하는 샬롬! 부활하신 예수께서 유대인들이 무서워 문을 닫고 있는 제자들에게 인사말로 전하셨던 그 첫 마디가 샬롬이었다. 그렇다. 샬롬은 예수님과 함께할 때 주어지는 하나님의 선물이자 하나님의 백성에게 전달하고자 하는 축복의 요소요 완성이다. 그 어떤 것과도 바꿀 수 없는, 주를 신뢰하는 영혼에 주어지는 절대적 축복의 완성, 그게 샬롬이다. 핵심은 화목과 평화, 결과는 치유요 축복인 샬롬, 삶의 현장에서 사탄과의 치열한 전쟁을 치르더라도 그때마다 시인처럼 평화를 갈망하며 주님 계신 곳으로 올라가는, 이기는 순례자가 되어야 한다.

안전 갈망의 노래

시편 121편 강해

눈을 들어 산을 보네
산이 내게 힘이 되어 줄까?
아니, 내 힘은 오직 하나님
하늘과 땅을 만드신 그 분

그 분께서 너를 붙드신다
너의 보호자인 하나님은
잠드시는 법이 없다. 결코 없다!
이스라엘의 보호자는
졸거나 주무시는 법이 없다

하나님은 너의 보호자
네 오른편에서 너를 지키시니
햇빛을 막아주시고
달빛을 가려주신다

하나님께서 모든 악에서 너를 지키시고
네 생명을 지키신다
너의 떠나는 길과 돌아오는 길을 지켜 주신다
지금도 지키시며 앞으로도 지켜 주신다

(시편 121:1-8 Message 성경)

『매튜 헨리 주석』에 의하면 "시편 121편은 다윗이 전쟁 중 생명의 위협을 받고 있을 때 하나님께서 전시에도 지켜주실 것을 신뢰하며 전장에서 지은 시다. '군병의 시편'이라는 사람도 있고, 시 내용 중에 군사적인 위험이 전혀 나타나지 않는 '순례자의 시편'이라는 사람도 있다"고 했다. 이 두 견해 중 필자는 순례자가 오가는 길의 안전을 간구한 내용으로 121편을 이해하려고 한다. 물론 순례 여정에 있던 한 성도의 아름다운 신앙 간증처럼 읽어도 좋고, 혼자의 노래가 아니라 두 명 이상이나 찬양대가 서로 주고받는 교송으로 읽어도 좋을 것 같다.

　시는 질문으로 시작된다. "내가 산을 향하여 눈을 들리라 나의 도움이 어디서 올까?"(1절). 이미 많은 길을 걸어온 것 같지만 아직도 갈 길이 먼 상황, 앞으로 남은 길의 어려움을 잘 아는 것 같다. 어떤 사람은 이 시를 순례를 끝내고 돌아가는 순례자의 작별 인사로 보기도 한다. 어떤 경우든 순례자는 지금 위험을 인식하고 있다. 그래서 가면서 생각한 것이 "누가 나를 도와줄 것인가?" 누군가의 도움이 절실한데 막막하다는 것이다. 어쩌면 도울 사람이 아무도 없다는 생각에 한숨 쉬며 내뱉은 말일 수도 있다.

2차 세계대전이 일어나기 전 프랑스는 독일과의 국경을 따라 방어진지를 구축했다. 마지노선이라 불리는 방어진지다. 6년 이상 걸려 세운 요새, 1차 대전의 경험을 살려 지세를 활용해 만든 철옹성이다. 전차의 침입을 막기 위해 철골 벽을 이중으로 쌓고, 보병의 침입을 막기 위해 철조망 지대를 만들고, 지름 6m의 콘크리트 벽도 세웠다. 그리고 발전실, 탄약고, 작전실은 전부 70m 지하에 설치하고, 거기에 모든 화력을 집중하여 배치했다. 그야말로 난공불락의 요새였다. 그러나 막상 2차 대전이 발발하자 이 마지노선은 무용지물이 되고 말았다. 독일이 벨기에와 룩셈부르크로 우회하여 침공했기 때문이다. 마지노선만 그럴까? 아니다. 역사적으로 보면 사람이 구축한 요새는 다 무너졌다. 트로이 성에서부터 중국의 만리장성에 이르기까지 세상에 안전한 곳은 단 한 곳도 없다. 최근 3년간 코로나19로 인해 전 세계가 바이러스에 꼼짝없이 당한 것만 봐도 그렇다.

묻는다. 세상에 안전한 곳이 있는가? 누가 우리를 지켜주는가? 시인은 멀리 보이는 예루살렘 시온산을 바라보며 "나의 도움이 어디서 올까?"라고 묻고는 곧바로 "천지를 지으신 여호와에게서로다"라고 대답한다. 순례자의 독백이다. 그리고 3~8절은 제사장의 축복이거나 순례자가 만난 사람과 나눈 격려일 수 있는데 시인은 하나님이 지켜 주실 분이라고 고백했다. 그렇다. 하

순례자의 노래

나님은 우리의 피난처요 보호자이시다. 시편 121편에 "안전 갈망의 노래"라는 제목을 붙여본다.

산을 향하여 눈을 들고

순례자는 산이 안정감을 주기 때문인지는 모르겠으나 도움을 찾기 위해 "산을 향하여 눈을 든다"고 한다. 그런데 산은 정상에 올라도 기쁨과 시원함은 잠시뿐이고, 죽을(?) 고생하며 다시 내려와야 한다. 오르막도 힘들지만, 내리막은 더 힘들다.

필자가 군목이었을 때 우리 사단이 맡은 휴전선 철책은 22km였다. 3박 4일간 휴전선 철책을 돌며 병사들에게 기도해 주기 위해 가는데 22km의 철책에 평지는 거의 없었다. 오르막과 내리막의 연속이어서 쳐다보며 한숨 쉬고, 내려다보며 탄식했다. "전생(?)에 무슨 죄를 지어서 이 고생을 하나?" 그럴 정도로 올라가고 또 올라가도 끝없는 계단 내려가고 또 내려가도 끝없는 계단이었다. 그때 동료들과 "나중에 혹시 무릎에 문제 생기면 국가가 책임질까?"라며 우스갯소리를 나눈 적도 있었다. 너무도 힘든 코스라 22km 가는 데 3박 4일이나 걸렸다. 그런데 우리네 인생도 오르막과 내리막의 연속이다.

유진 피터슨이 말한 것처럼 우리는 관광객이 아니라 일생 '한

길 가는 순례자'다. 어차피 오르막과 내리막의 연속이라면 오르막 때는 정상에서 누릴 즐거움과 통쾌함을 생각하고, 내리막 때는 충전하고 돌아가는 뿌듯함과 즐거움을 생각하면 좋겠다.

물론 산은 위험한 곳이다. 사나운 짐승이 있고, 강도나 산적이 있을 수 있다. 그런가 하면 산에는 먹을 것도 많다. 그래서 자연인들이 주로 산으로 살러 간다. 그런데 산이 지상보다 높아서 그랬을까? 산은 신성한 곳으로 여겨졌다.

시인이 눈을 들어 바라본 산은 히브리어로 '헤하림'(הֶהָרִים), '그 산들'이라는 말인데 예루살렘의 시온산을 가리킨다. 예루살렘은 도시가 해발 700m 이상에 위치해서 그 자체가 그들에게는 산이다. 물론 산이라 하기에는 너무 낮은 구릉이지만 이스라엘 사람들은 마치 북방에 있는 산처럼 높은 산으로 여겼다. 어머니처럼 포근하고 많은 것을 주는 산, 신령하고 신비스러운 곳으로 여기고 순례자는 지금 이 위대한 산을 향해 눈을 든다. 산이 아니라 그 너머의 하늘과 그 하늘 아래 끝없이 펼쳐진 대지, 그리고 모든 공간을 뛰어넘는 절대자 하나님을 바라본 것이다.

어떤 사람은 1절을 "내가 산을 향하여 눈을 들어야 하나?"라고 물음을 제기하지만, 우리는 산을 향하여 눈을 들어야 한다. 의지할 것이 없어서 예루살렘을 바라보며, 성전을 생각하는 것, 구원이 시온으로부터 임한다고 믿는 것이다. 아니 한발 더 나아가 시선은 예루살렘을 향하지만, 마음은 그 너머 하나님을 향해야 한다. 그래서 다음과 같이 고백하는 것이다. "나의 도움이 천지를 지으신 여호와에게서로다." 천지 지으신 여호와는 전능하신 하나님이라는 뜻이고, 온 세상을 다스리는 하나님이시라는 뜻이다. 그 하나님이 나의 도움, 나의 안전을 지켜주신다는 것, 우리는 눈을 들어 구원의 하나님을 바라봐야 한다. 왜냐하면 구원은 시온이 아니라 하나님에게서 오는 것이기 때문이다.

여호와의 도우심을 믿고

"나의 도움이 어디서 올까?"라고 묻던 시인은 즉각 "나의 도움은 천지를 지으신 여호와에게서로다"라고 하는데 여기서 '도움'은 히브리어로 '에쩨르'(עזר)이다. 에쩨르는 창세기에서 아담에게 하와를 주시면서 '돕는 배필'이라 하실 때 쓰였던 단어다. 아담이 하와에게, 하와가 아담에게 서로 돕는 자가 되어 살아가듯 하나님은 우리와 동행하며 돕는 분이시라는 말이다.

시인은 그분을 천지 지으신 창조주 하나님이시라고 노래한다. 작은 산이든, 높고 험준한 큰 산이든 다 하나님의 작품인데 그분이 함께하신다는 것이다. 산 주인, 곧 산을 가장 잘 아시는 분이, 산만큼 크신 분이 우리 곁에서 동행하는 절대자, 순례길의 수호자가 되신다는 말이다.

맞다. 그분은 나를 만들고, 내 인생을 설계하신 분이다. 그래서 시편 139편에 보면 "내가 주께 감사하옴은 나를 지으심이 심히 기묘하심이라 주께서 하시는 일이 기이함을 내 영혼이 잘 아나이다"(14절)라고 표현하며 우리가 기묘하게 지어진 인생이라 했다. 그만큼 하나님이 위대한 분이시라는 표현이지만 문제는 이 사실을 너무 늦게 깨닫는다는 것이다. 기억하라. 우리는 기가 막힌 인생이다. 이미 이룬 일만 보지 말고, 미래를 내다보며 찬양함이 마땅하다. 그리고 이해가 되든 안 되든 하나님을 신뢰하며 살아야 한다. 왜냐하면 하나님께서 탁월한 연출가로, 내 인생을 하나님의 수준으로 그려내실 것이기 때문이다.

121편에서 가장 시선을 끄는 단어는 '지킨다'라는 것이다. 3절에서 8절까지 여섯 번 나오는데 '여호와께서 지키신다'라는 선언이 4번이다. 3절에서는 아예 '지키시는 분'이라 했다. 너를, 네 영혼을, 네 출입을 안전하게 지키신다는 말씀이다. 그렇기에 121편의 주제는 안전 갈망이다. 그리고 3절에서는 "여호와께서 너를 실족하지 아니하게 하시며"라고 했다. '실족'은 발의 헛디딤을 말하는데, 하나님이 실족하지 않게 발걸음을 지키신다는 것, 실족하게 되면 천 길 낭떠러지로 굴러떨어져 다치거나 생명을 잃게 되는데 지금까지 안전한 것은 인생의 걸음마다 하나님이 지켜주셨기 때문이라고 노래한 것이다.

물론 절대자 하나님이 지켜주셔도 우리는 넘어질 수 있다. 그

순례자의 노래

러나 혹 넘어지더라도 기억해야 할 것이 있다. 그것은 우리가 십자가(+)를 붙잡고 넘어지면 곱하기(×) 인생이 된다는 것이다. 그리고 넘어지면 연단 받는 것, 그것 때문에 오히려 더 크게 넘어지지 않게 된다. 넘어졌다고 아이를 다시는 걷지 못하도록 하지는 않는다. 마찬가지로 하나님도 우리의 보호자가 되신다.

시인은 4절에서 하나님을 '이스라엘의 하나님'이라 부르며 "졸지도 주무시지도 않는다"고 한다. 그게 이스라엘이 망하지 않는 이유다. 파수꾼이 되셔서 밤낮으로 지켜주신다는 것, 인간 파수꾼은 졸기도 하고 딴짓하다가 성이 뚫리게도 하지만 하나님은 전능하신 파수꾼, 그분이 오른쪽에서 지켜주신다면 안심해도 된다. 대통령이나 군인은 한계가 있어도 하나님은 전능하신 분이다. 그래서 우리는 하나님의 보호를 위해 기도하는 것이다.

참으로 감사한 것은 하나님께서 너무너무 섬세하신 분이라는 것이다. 시인은 하나님께서 우리 우편의 그늘이 되셔서 우리를 지키신다고 했다. 성경에서는 우편(오른쪽)이라고 표현할 때 그 자리는 구원의 자리를 의미한다. 양(축복받은 자)은 오른쪽, 염소(저주받은 자)는 왼쪽(마 25:32-33)이다. 산헤드린 공회에서도 무죄는 오른쪽, 유죄는 왼쪽이었다. 예수님과 함께 십자가에 못 박혔던 강도도 오른쪽 강도는 구원받고 왼쪽 강도는 아니었다. 성경에서 왼쪽은 저주와 사망, 미련하고 어리석음, 기만과 살의를 상징하는 멸망의 자리였고, 오른쪽은 위엄과 영광, 존귀와 생명, 지혜와 힘의 근원을 상징하는 구원의 자리였다. 그래서 정치도 오른쪽에 서야 한다고 하는 사람도 있지만 믿음의 사람은 왼쪽, 오른쪽 가릴 것 없이 구원의 자리에 서면 된다.

하나님께서는 '우편의 그늘이 되신다.' 사막의 여행자들이 가장 무서워하는 것은 일사병, 40도 정도의 뜨거운 태양이 내리쬐면 엄청난 고통을 겪지만, 그늘로 들어서면 시원하다. 그래서 하나님은 이스라엘 백성의 출애굽 때 구름 기둥으로 그늘을 만들어 주셨다. 우리 인생도 마찬가지다. 혹시 사막 같은 내 인생이 이상하게 시원하다면 그것은 시원케 해주시는 하나님의 은혜다. 눈을 들어 해를 바라보았을 때 낮의 해가 우리를 상하지 않게 하는 것은, 안전하게 하시는 하나님의 은혜임을 알아야 한다.

밤의 달도 마찬가지다. 하나님은 밤의 찬 기운을 피하도록 불기둥으로 따뜻하게 해주셨다. 밤의 달은 질병의 공격을 뜻하기도 한다. 차가운 기운을 몰고 밤중에 질병이 몸에 침입하는데 질병과 바이러스로부터 지켜주시는 것, 그것이 하나님의 은혜다. 물론 무리하면 안 된다. 어떤 목사님은 의사이신 잘 아는 장로께서 약을 한 통 주며 하루 10알씩 드시라고 하면서 이제는 이런 약을 많이 드셔야 할 연세라고 했는데, 집에 가서는 많이 먹어야 한다는 말만 기억하고 한꺼번에 한 통 40알을 다 드셨다가 갑작스런 뇌경색 증세로 큰 고생을 하셨다. 너무 창피해서 약을 한꺼번에 먹었다고 아무에게도 말하지 않아 의사가 아무리 검사해도 뇌경

색이 일어난 원인을 확인하지 못하여 '알 수 없는 병'이라고 진단 했단다. 우리는 지나치게 무리해서도 안 되고, 밤에 함부로 돌아 다녀도 안 된다. 괜히 자신이 스스로를 망쳐놓고 하나님만 바쁘 시게 하지 말아야 한다.

무리하지 않았고, 나름대로 몸 관리에도 신경을 썼는데도 병 이 날 수 있다. 하지만 그때에도 하나님을 원망하지 말아야 한다. 아니 그런 순간에도 밤의 달이 상치 못하게 한다는 하나님의 보 호하심을 신뢰해야 한다. 왜냐하면 병은 나을 수 있고, 아니면 그 병을 통해서 더 큰 중병을 막게 될 것이기 때문이다. 기억하라. 하 나님은 우리의 보호자이시다.

영원까지의 안전을 확신하며

시인은 노래의 뒷부분에서 "여호와께서 너를 지켜 모든 환난 을 면하게 하시며 또 네 영혼을 지키시리로다 여호와께서 너의 출입을 지금부터 영원까지 지키시리로다"(7-8절)라고 노래했다. 삼중 반복적 표현으로 하나님의 안전 보장이 완전하다는 것을 강조했다. 사람은 맹세하고 다짐해도 변하지만, 하나님은 영원 하신 분이시며, 생명이 다하는 그 순간까지 지키고, 영원까지 안 전하게 지키시는 분임을 노래한 것이다.

유진 피터슨(Eugene H. Peterson)은 121편을 "대양에 있는 모든 물로도 작은 배 하나를 침몰시킬 수 없다. 그 배 안에 물이 들어가기 전까지는! 마찬가지로 이 세상에서 당하는 그 어떤 일도 우리를 흔들 수 없다. 그것이 우리 내면으로 침투하기 전까지는!"이라고 해설했다. 주께서 지켜주신다는 확신을 강조한 것이다.

시인이 선포하고 확신하는 하나님의 도우심은 어두운 이 시대를 사는 우리에게도 필요하다. 사건, 사고가 너무 잦아 출입이 불안한 시대, "여호와께서 출입을 지금부터 영원까지 지키신다"는 찬양, 얼마나 멋진 찬양인가? 밖에 나갈 때 "다녀오겠습니다"라고 하는 말이 말씀에 근거한 믿음의 말이 되어야 한다. 돌아온다는 보장이 없는 시대, 그래서 121편 8절의 안전에 대한 확신이 더 필요한데, 평안히 나갔다가 평안히 돌아오는 것, 이것은 은혜이고 기적이다.

한동안 국민일보에 '할렐루야 캡틴'이라는 연재 간증이 실렸었다. 대한항공 신일덕 기장의 간증이었다. 1990년 11월 16일, 아주 맑은 날씨에 신일덕 기장은 신혼부부 61쌍과 일반승객 등 165명을 태우고 사이판으로 가는 항공기를 조종하고 있었다. 도착을 앞두고 고도를 낮출 때 바퀴가 내려지려면 기아를 내려야 하는데 기아가 내려지지 않았다. 아무리 반복해도 마찬가지, 큰일 났다! 비행기를 동체 착륙하다가 자칫하면 비행기가 몇 동강이 날 수도 있고 기체에 불이 나 많은 사람이 생명을 잃을 위기였다. 그때 장로였던 신일덕 기장은 조종간을 부조종사에게 맡기고 기관사와 함께 부르짖어 기도하기 시작했다. 얼마나 고함치고 부르짖어 기도했던지 온몸이 땀범벅이 되었다. 그런데 그 마음속에 하나님의 음성이 들려왔다.

> "두려워하지 말라 내가 너와 함께함이라 놀라지 말라 나는 네 하나님이 됨이라 내가 너를 굳세게 하리라 참으로 너를 도와주리라 참으로 나의 의로운 오른손으로 너를 붙들리라"(사 41:10)

얼마나 감동했던지 비행기 안에서 "할렐루야"라고 고함을 치고 기관사와 함께 다시 기아를 내리는 조종간을 잡아당기니 바퀴가 쭉 내려왔다. 이미 동체 착륙에 관한 기내 방송을 들은 객실은 아수라장이었는데, 기장이 기내 방송을 통해 "할렐루야~ 하나님이 도와주셨습니다"라고 외쳤다. 비행기는 안전하게 착륙했다. 하나님이 지켜주신 것이다. 50년간 2만 시간 이상을 비행하며 1만여 명에게 전도한 항공 선교사, 신일덕 장로는 2016년 다니엘 기도회 간증자이기도 했다.

우리 인생은 위대한 연출가이신 하나님의 손에 달려 있다. 시대가 어떻든 우리는 관광객이 아닌 순례자다. 실족하지 않게 지키시되, 영혼을 지키고, 출입을 영원까지 지켜주실 것을 믿었던 시인과 앞선 순례자들처럼 위험한 길 같더라도 안전하게 보호해주실 것을 확신하며 이 노래를 우리의 노래로 삼아야 한다.

예루살렘을 향한 사랑의 노래

시편 122편 강해

사람들이 "하나님의 집으로 가세!"할 때
내 마음 기뻐 뛰었네
마침내 당도했네
아, 예루살렘, 예루살렘 성안에 들어왔도다!

예루살렘, 견고한 성, 예배를 위해 지어진 도성!
모든 지파들이 올라오는 도시
하나님의 지파들이 모두 올라와 예배하며
하나님의 이름에 감사드리는 곳
이스라엘의 진면목이 나타나는 이곳에
의로운 판결을 내리는 보좌가 놓였네
저 유명한 다윗의 보좌가

예루살렘의 평화를 위해 기도하여라!
예루살렘을 사랑하는 이들이여
모두 흥하여라! 이 안의 벗들이여
가까이들 지내라! 바깥의 적들이여
저만치 물렀거라!
내 가족과 친구들을 거듭 축복하며 말하노니
평화를 누리기를!
내 너희를 위해 최선을 다하리라
우리 하나님의 이 집을 위하여!

(시편 122:1-9 Message 성경)

대중가요 중에 서울을 주제로 한 노래가 꽤 많다. 어느 자료에 의하면 무려 1,150곡 정도가 된다고 한다. 시편 122편의 묵상을 이렇게 시작하는 이유는 노래에 시대의 애환이 담겨 있기 때문이다. 시대의 아픔을 달랠 때나 기쁨과 환희를 표현할 때 노래만큼 좋은 것이 또 있을까? 한때 '단장의 미아리 고개'라는 노래에 사람들은 민족의 아픔을 담아 노래했고, 또 '서울 아가씨', '럭키 서울' 같은 노래로 자유와 즐거움을 표현했다. 서울을 주제로 노래한 사람이 700명 정도라고 하는데 서울이 시대를 망라해 그만큼 대중들에게 어필한 도시이자 문화적으로 차지하는 비중이 컸다는 뜻이다.

서울을 주제로 한 노래가 많듯이 예루살렘을 주제로 한 노래도 많다. 대중가요도 많겠지만 "거룩한 성", "샬루 샬롬 예루살라임", "예루살렘으로 가는 길", "찬양하세 오 예루살렘", "예루살렘아 여호와를 찬송할지어다" 등 찬양도 많다. 그중 단연 으뜸은 순례자의 노래 15곡이며, 그중 하나인 시편 122편은 이스라엘 백성이 유월절, 맥추절, 초막절, 세 절기를 맞아 예루살렘으로 예배하러 올라갈 때 사용하도록 다윗이 쓴 노래다. 그리스도인을 '한 길 가는 나그네'라고 표현한 유진 피터슨(Eugene H. Peterson)은 "시편 122편이야말로 예배의 본질을 표현한 최고의 시편"이라 했는데 '예루살렘을 향한 사랑의 노래'라는 제목을 붙여 본다.

기쁨의 노래

예루살렘은 지구상에 가장 독특하고 신비한 도시다. 고대로 부터 수천 년의 세계 역사에서 그 어떤 도시도 갖지 못한 특이한 요소들을 갖고 있는 도시다. 주전 1,000년경 다윗이 점령한 후 하나님 백성의 정치적, 종교적 중심이 된 이후 3,000년 이상 그 역할을 하는 민족의 성소이며, 기독교인과 유대인들에게 '거룩한 도시'로 인정받고, 이슬람교도들에게는 모하멧(Muhammad)이 태어난 메카(Mecca) 다음의 거룩한 도시로 인정받아 3대 종교(기독교, 유대교, 이슬람교)의 성지가 모여있는 곳이다. 그래서 이곳은 언제나 인종, 종교, 정치적 기운이 거세다.

예루살렘은 디아스포라(διασπορά), 흩어진 유대인들에게는 그리운 꿈이자 목적지였기에, 이 노래는 기쁨의 노래였다. 시인은 첫 구절부터 순례의 설렘과 기쁨을 노래한다. "사람이 내게 말하기를 여호와의 집에 올라가자 할 때에 내가 기뻐하였도다"(1절).

'여호와의 집에 올라가자'는 말의 뜻은 '예루살렘으로 순례 가자', '예루살렘 성전으로 올라가자'는 말이다. 아마 친구들이나 이웃 중 누군가가 권유했던 모양인데, 마치 다윗이 법궤를 운반할 때 춤추며 기쁘게 하나님의 집에 올라가던 때의 모습(삼하 6:12-14) 같다고 할까? 시인은 그 권유가 너무 기쁘다. 안 그래도 힘겨운 삶, 외부에서 짓누르는 무거운 짐과 내부에 가득 차 있는 짐으로 지치고 피곤해서 쉼이 필요했는데 잘 됐다는 것이다.

맞다. 우리 삶에는 쉼이 필요하다. 쉼은 삶의 전환점이 될 것이다. 그래서 시인은 모든 일을 중단하고 순례길에 오른다. 그리고 동료들과 드디어 예루살렘에 도착한다. 얼마나 기뻤을까? 강력한 엔도르핀이 솟구친다. 발걸음을 옮길 때마다 기쁨이었는데 드디어 예루살렘 성문을 밟은 것이다. 순례자는 그 감동을 이렇게 표현했다. "예루살렘아 우리 발이 네 성문 안에 섰도다"(2절), '여호와의 집'이라는 단어만 들어도 가슴이 뛰었는데 "대박! 내가 사모하던 성전에 왔네." 아마도 그런 기분이었을 것이고, 모든 피로가 순식간에 다 풀렸을 것이다. 완전 감동 그 자체, 마치 시편 84편 10절 같았을 것이다.

> "주의 궁정에서의 한 날이 다른 곳에서의 천 날보다 나은즉 악인의 장막에 사는 것보다 내 하나님의 성전 문지기로 있는 것이 좋사오니"(시 84:10)

그렇다. 순례자들에게 성전은 사모하던 자리요, 은혜의 자리였다.

순례자가 팔레스타인에서 왔다면 성전을 방문하고 다시 돌아가기까지 짧게는 1주, 길게는 한 달 정도 걸렸을 것이다. 방문 시기는 여름 건기나 겨울의 추위 동안이 아니라 바쁜 농사철이었다. 순례자가 순례길에 오르려면 하던 일을 중단하거나 해야할 일을 못하고 떠나야 했다. 마찬가지로 이게 바로 우리 인생의 순례길이다. 인생은 본질적으로 꼭 가야 할 곳이 있다. 이것이 원칙이다. 이 원칙이 우리가 세상일에 빠지지 않게 하며, 영혼의 안식을 가져다주기 때문에 꼭 지켜야만 한다.

그렇다면 현실적으로 우리가 꼭 가야 할 순례길이 어딘가? 우리의 예루살렘은 교회다. 가야 할 여러 곳 중 하나가 아니라 생명과 같은 곳이다. 일주일 동안 지친 영혼이 주일을 맞아 교회를 찾는 것, 이것은 작은 순례이지만 안식을 위해 꼭 필요한 일이다. 교회가 아니더라도 세상일 중심의 패턴은 주기적으로 한 번씩 끊어주는 것이 좋다. 그런데 교회는 다른 곳, 교회 오는 길은 다른 곳과 비교할 수 없는 설렘과 기쁨이 있다. 교회에 와서 사람도 만나지만 교회는 하나님과의 미팅 하우스, 하나님을 만나 뵙는 곳이기 때문이다. 기억하는가? 기도의 어머니 한나는 사무엘을 젖 뗀 후부터 아예 하나님의 집에서 자라게 했다. 서원도 했지만 자녀 삶의 중심이 하나님의 집이어야 한다는 자세였다.

122편 시인의 순례는 "여호와의 집에 올라가자"라는 권면으로 시작된다. 이 말은 이스라엘의 위기 때마다 등장했던 핵심 슬로건이었던 이사야 선지자의 외침이었다. "오라 우리가 여호와의 산에 오르며, 야곱의 하나님의 전에 이르자"(사 2:3). 그들은 민족의 위기 때마다 거룩한 도성, 예루살렘을 향하여 기도했다. 그리고 본문 4절에 보면 "이스라엘의 전례대로 그리로 올라가는도다," '전례대로'라는 것은 '전에 했던 대로', '규칙적으로', 그들은 조상 대대로 예루살렘에 모여 감사로 예배를 드렸고, 예루살렘에 모여 총회를 열고, 예루살렘에 모여 집단 회개를 했고, 예루살렘에 모여 집단행동을 했다. 민족이 망했을 때는 예루살렘을 바라보며 눈물로 예루살렘의 회복을 소망했다. 이것이 삶의 원칙이었고, 규칙이었고, 전통이었다. 그러니 예루살렘은 그들의 영적 구심점, 이런 구심점이 우리에게도 있어야 한다. 그래야 회복이 쉽기 때문이다.

반복한다. 그들에게 예루살렘은 생각만 해도 설렘이었고, 기쁨이었다. 그것은 무엇보다 예배 때문이었다. 예배는 일생을 좌우하는 교회의 존재 이유이자 교회의 핵심 사역이다. 그들이 부른 122편은 예루살렘에서의 예배를 생각하며 기쁨으로 부른 사랑의 노래, 이 노래가 우리의 노래가 되어야 한다.

영광의 노래

순례자들이 전례대로 예루살렘에 모이는 이유는 하나님으로부터 가르침을 받기 위함이었고, 또 하나님께 영광을 돌리기 위함이었다. 3절에서 5절까지를 보면 시인은 잘 짜인 견고한 성읍 예루살렘과 여호와의 이름에 감사하기 위해 올라온 지파들과 함께 거기서 심판의 보좌인 다윗의 보좌를 찬양한다. 먼저는 잘 짜인 성읍을 위한 찬양을 하는데, 이것은 예루살렘의 견고함에 대한 찬양이다. "예루살렘아 너는 잘 짜여진 성읍과 같이 건설되었도다"(3절), 산지인 다윗의 성 예루살렘이 견고한 요새라는 것, 모든 필요한 것을 갖춘 성전과 왕궁과 집들이 견고한 요새라는 것이다. 성 밖의 물을 실로암으로 끌어들이는 히스기야 터널이 있었기에 산지이지만 물도 있었다. 한 마디로 안전한 곳, 보호받고 회복을 경험하기에 충분한 곳이었다.

그런데 바벨론 침공 때 이 성벽과 견고함이 무너졌다. 포로로 바벨론에 있던 느헤미야는 아닥사스다 왕에게 특별하게 간청하여 허락받고 무너졌던 성벽을 재건하고 예루살렘을 복원한다. 성이 허물어지고 성문이 불탔다는 소식을 들었기 때문이다.

"예루살렘 성은 허물어지고 성문들은 불탔다 하는지라 내가 이 말을 듣고 앉아서 울고 수일 동안 슬퍼하며 하늘의 하

나님 앞에 금식하며 기도하여"(느 1:3-4)

느헤미야는 기도로 끝이 아니었다. 스스로 자원하여 유대 땅 총독으로 부임하여 성벽을 쌓는다(느 4:17). 그리고는 주변 민족들의 방해에도 불구하고 52일 만에 성벽을 중건했다(느 6:15). 그게 바로 예루살렘 성벽이고 도시였다.

얼마나 도시가 견고했던지 AD 70년의 유대 독립전쟁에서 이스라엘은 로마 제국 군대를 맞이하고도 약 4개월을 버틴다. 그리고 1967년 6일 전쟁에서 이스라엘군은 예루살렘 시온성 점령을 목표로 선제공격을 감행하였다. 그 흔적이 예루살렘 성벽 위의 수많은 총탄 자국으로 남아 있다. 성벽은 견고했지만, 인류 역사에서 가장 많은 불운을 겪은 곳, 3천 년 역사의 고도(故都) 예루살렘은 성벽이 무려 10번이나 무너졌다가 다시 중건되었다. 그만큼 많은 전쟁에 시달린 도시였다.

우리도 침략을 많이 당한 고난의 민족이지만 한양 도성이나 북한산성은 그만큼 제대로 된 전투를 치른 적은 없다. 그들에 비하면 우리나라는 참 평화로웠다. 물론 일제강점기에서 한국전쟁에 이르는 고난은 그들 못지않은 큰 고난이었다. 그래서 이 시편 122편이 더 마음에 와닿는다. 오랜 세월 시달린 예루살렘 성의 고난, 시인이 순례 와서 예루살렘 성벽을 만지며 느끼는 감회는 남달랐을 것이다. 아마 "주는 나의 산성이시요, 나의 요새"라는 고백이 절로 나왔을 것이다. 인간이 쌓은 성벽으로는 안전하지 않다며 "주님이 산성이 되고 요새가 되신다"라는 고백, 폐부로부터 솟구치는 소리로 찬송하지 않을 수 없었을 것이다.

여기에 더해 순례자는 예루살렘에 몰려든 모든 지파를 보며 감격한다(4절). 열두 지파가 사방에서 예루살렘으로 오는 모습, 그리고 성전 이곳저곳에서 담소하며 때로는 말씀을 나누고 서로 연합하고 동거하는 모습이 너무 아름답다. 오는 것이 쉽지 않기에 더 하무뭇하다.

이스라엘의 종교 개혁의 핵심에는 예루살렘 중심성 확보가 있었다. 지방 산당을 없애고, 예루살렘 성전만 유일한 성전으로 삼는 것, 그래야 민족의 구심점이 생기고 말씀의 권위가 생기기 때문이다. 물론 모세오경에 등장하지 않는 도시였기에 예루살렘의 정통성에는 좀 문제가 있다. 오히려 사마리아의 그리심산이 성전산으로는 더 적합했을 수 있다.

예루살렘은 원래는 여부스 족속의 땅이었으며, 다윗이 정복한 후 이스라엘의 수도로 삼고, 솔로몬이 성전을 지으면서 이스라엘의 중심이 되었다. 대략 BC 1,000년경의 일이다. 초기에, 그리고 이후 분열 왕국 시기에 다른 지파들은 예루살렘을 외면하고, 단이나 벧엘에 산당을 세웠지만 이스라엘은 종교 개혁을 통해 산당들을 없애고, 예루살렘 중심성을 세웠다.

그리고 마침내 예루살렘이 하나님이 계신 곳으로, 시온산이 하나님이 거주하는 곳으로, 예루살렘 성전이 하나님의 집으로 확정되었다. 지금은 12지파 모두가 예루살렘의 하나님의 집에 모인다. 시인은 12지파가 연합하여 동거하고 하나님 말씀을 순종하는 모습을 보는 것이 너무 기쁘다. 마침내 통일 이스라엘이 완성되고, 하나님의 영광이 드러난 것, 이제 시인은 그 영광을 보며 노래를 부른다. 그들이 부른 영광의 노래가 오늘 우리의 노래가 되어야 한다.

평화의 노래

모든 것을 다 갖추고도 마음에 근심과 두려움이 가득하다면 그 모든 것은 아무 의미가 없을 것이다. 평안이 있어야 한다. 평안은 사는 맛을 느끼게 하는 축복의 도구, 축복의 통로이기도 하다.

사업하다가 60세에 파산해 수백만 달러의 빚을 지고 병원에 입원한 카놀 산도스는 얼마나 힘들었던지 자신의 처지를 비관하며 자살할 생각으로 늦은 밤에 병원 문을 나섰다. 그때 어디에선가 찬송 소리가 들린다. ♬ 너 근심 걱정 말아라. 주 너를 지키리… ♬(382장). 조그마한 교회에서 흘러나오는 찬송 소리였다. 가까이 다가가 보니 한 늙은 부인이 꿇어앉아 찬송을 부르고 있다. 그때 갑자기 산도스의 마음이 뜨거워졌다. 자기도 모르게 교회 바닥에 엎드려 통곡하며 회개 기도를 드렸다. 무거운 짐이 사라지고 마음이 평안해지고, '새 출발'에 대한 힘이 솟구쳤다. 자본금이 없이 할 수 있는 쓰레기를 수거하는 일부터 시작했다. 거기서 번 돈으로 통닭집을 운영했는데 선풍적인 인기를 얻었다. 이것이 바로 '산도스 치킨'이었다. 그는 주님이 주신 평안으로 억만장자가 되었다. 주의 평안이 대박이었던 셈이다.

'예루살렘'은 히브리어로 '예루샬라임'(יְרוּשָׁלַיִם), '평화의 마을'이라는 뜻이다. 하지만 예루살렘은 세계에서 가장 전쟁이 많았던 도시였다. 그래서 시인은 예루살렘을 향해 축복한다(6-9절). "예루살렘을 위하여 평안을 구하라 예루살렘을 사랑하는 자는 형통하리로다." '평안'(샬롬)을 형통으로 연결했다. 여기서 '형통'은 '안정'의 의미가 강하다. 7절과 8절은 반복, 그리고 9절은 "내가 너를 위하여 복을 구하리로다." 시인은 평화를 최고선으로 기도한다. 그게 복인데 예루살렘에 평안이 없기 때문이다.

가장 반평화적인 도시, 지난 3천 년간 20회 이상 주인이 바뀌고, 성벽이 파괴되었다가 재건된 것만도 열 번째다. 오늘날의 예루살렘도 마찬가지다. 성전이 있던 곳은 이슬람의 모스크 사원이 세워져 회교도들이 하루 세 번씩 예배하고, 바로 곁이나 다름없는 통곡의 벽에는 유대인들이 연신 머리를 조아리며 기도한다. 또 멀지 않은 곳인 옛 갈보리 언덕을 중심으로 성묘교회와 십자가의 길(Via Dolorosa)이 있다. 거기에는 기독교인들이 북적인

순례자의 노래

다. 가끔 정교회에서 울리는 종소리가 예루살렘 전역에 메아리 친다. 곳곳에 군인들이 총을 들고 삼엄한 경계를 펴고 있다. 지금도 주변에서 치열한 전쟁이 계속 되고 있으니 예루살렘은 평화의 도시가 아니라 긴장과 갈등의 도시가 되고 말았다.

평화의 길을 외면한 그 예루살렘을 보며 예수님은 눈물을 흘리며 통곡하셨다.

> "가까이 오사 성을 보시고 우시며 이르시되 너도 오늘 평화에 관한 일을 알았더라면 좋을 뻔하였거니와 지금 네 눈에 숨겨졌도다"(눅 19:41-42)

폭력과 전쟁의 길을 가던 예루살렘, 결국 AD 70년에 로마에 의해 망하고 말았다. 시편 122편의 예루살렘은 신약시대에는 그리스도의 핏값으로 사신 교회를 상징하며, 또 장차 우리가 들어갈 영원한 도성, 천국을 상징한다. 그렇다면 교회에 들어올 때 122편의 시인같이, 순례자들같이 억누를 수 없는 벅찬 기쁨을 느껴야 한다. 주님을 만난 곳, 꿈과 믿음이 새겨 있어서 벅찬 기쁨이 터지는 곳, 출장 갔다가 돌아와서 가장 먼저 달려오고 싶은 곳, 군대에 가 있어도, 외국에 가 있어도 늘 생각나는 가슴 벅찬 곳, 교회가 그런 곳이어야 한다. 예루살렘을 향한 사랑의 노래를 부르며 날마다 기쁨과 영광과 평화를 누리며 살기를 축복한다.

은혜 갈망의 노래

시편 123편 강해

하늘에 계시는 하나님, 주님을 바라봅니다
도움을 바라며 주님을 앙망합니다
주인의 명령을 기다리는 종처럼
마님의 시중을 드는 하녀처럼
우리, 한시도 눈을 떼지 않고 숨죽여 기다립니다
주님의 자비의 말씀을 기다립니다
하나님, 자비를 베풀어 주소서!
오랜 세월을 우리가
배부른 자들에게 죽도록 걷어차이고
잔인한 자들의 악독한 발길질을 견뎠습니다

(시편 123:1-4 Message 성경)

"내가 누려왔던 모든 것들이 내가 지나왔던 모든 시간이
내가 걸어왔던 모든 순간이 당연한 것 아니라 은혜였소.
아침 해가 뜨고 저녁의 노을 봄의 꽃 향기와 가을의 열매
변하는 계절의 모든 순간이 당연한 것 아니라 은혜였소.
모든 것이 은혜 은혜 은혜 한없는 은혜
내 삶에 당연한 건 하나도 없었던 것을
모든 것이 은혜 은혜였소"

손경민님의 찬양인데 그는 이 땅에 태어나 사는 것, 어린 시절
과 지금까지 숨을 쉬며, 꿈을 꾸며 사는 삶이 당연한 것이 아니라
은혜였다고 노래하고, 무엇보다 하나님의 자녀로 살며 찬양하고
예배하는 삶과 복음을 전할 수 있는 축복이 온통 당연한 것이 아
니라 은혜였다고 노래한다.

맞다. 은혜 아니면 웃을 일이 없는 시대, 지금까지 산 것도 은
혜지만 앞으로도 은혜만이 살길이다. 은혜는 성경의 주제이자
신앙의 정점이고, 이 시대의 마지막 남은 희망이다. 겪고 있는 고

통이 너무 힘겨운, 바벨론 포로 말기를 살았던 시인은 예루살렘에 돌아갈 수 없다는 자신의 신세 한탄인지, 귀환 이후 성벽 재건을 방해하는 대적들로 인한 탄원인지는 알 수 없지만 은혜를 갈망한다. 『한 길 가는 순례자』에서 120편은 '회개', 121편은 '섭리', 122편은 '예배'를 중심으로 해석하고 적용했던 유진 피터슨(Eugene Peterson)은 123편을 '섬김' 중심으로 해석하고 적용했다. '현대인의 즉각성과 일회성 추구 성향'을 이 세상의 속성으로 분석하고 종교 생활에도 최신판, 최첨단이 판치는 시대지만 우리는 '제자도를 실행하는 순례자'라는 사실을 강조했다. 바른 지적이다. 우리는 일생을 주인 되신 예수 그리스도의 제자, 평생 여정을 하나님을 향한 순례자로 살아야 한다. 시편 123편에 '은혜 갈망의 노래'라는 제목을 붙여본다.

눈을 들고

마태복음에 보면 "눈은 몸의 등불이니 그러므로 네 눈이 성하면 온몸이 밝은 것이요 눈이 나쁘면 온몸이 어두울 것이니 그러므로 네게 있는 빛이 어두우면 그 어둠이 얼마나 더하겠느냐"(마 6:22-23)라고 했는데 "하늘에 계시는 주여 내가 눈을 들어 주께 향하나이다"(1절), 거대한 장애물 앞에서 무심코 하늘을 바라본 것이 아니라 고된 순례길을 가던 시인이 하나님을 찾는다. 그의 입에서 기도가 흘러나온다. "하늘에 계신 주여, 저 좀 도와주세요." 고단한 삶의 현장에서, 원수들과 적대적 환경에 둘러싸여 한숨 쉬며, 하늘을 바라보며 기도한 것은 실망이 아니다. 그는 지금 소망의 눈으로 전능자이신 하나님을 바라보고 있다.

4절밖에 안 되는 짧은 시지만 '눈을 들어'라는 표현이 네 번이나 반복된다. 눈을 들어 하늘에 계신 주를 바라본 것이다. 종들의 눈같이, 여종의 눈같이, 여호와 하나님을 바라보는 눈동자에는 간절함이 있다. 사람이나 세력을 바라보지 않고 하나님만 바라보는 것, 시인은 초점을 하나님께 맞췄다. 유일한 희망이신 하나님께 집중했다.

2절은 비유다. "상전의 손을 바라보는 종들의 눈같이, 여주인의 손을 바라보는 여종의 눈같이"라는 표현은 매우 현실적인 비유다. 종들은 주인에게 매여 있는 존재이기에, 먹을 것도 주인이 주고, 심지어 생명의 안전도, 자유도 전적으로 주인의 손에 달려 있다. 그래서 종들은 주인의 손짓이나 표정에 집중하며 산다.

종교개혁자 루터(Martin Luther)가 어느 날 개를 통해 은혜를 받았다고 한다. 식탁에서 고기를 먹고 있었는데 곁에 있던 개가 루터의 손이 고기를 집으면 그 고기를 향하고, 고기가 입으로 향하면 고기에서 눈을 떼지 않고 정말 간절한 시선으로 오직 고기만 뚫어지게 쳐다보는 것이었다. 식사 내내 그 모습이 이어지자, 루터가 "오, 이 개가 고기를 바라보듯 간절하게 기도할 수만 있다면!"이라고 감동했다는 것이다.

시인의 눈동자가 그런 눈동자였을까? 눈동자는 그가 살아 있음을 보여주는 것, 눈을 감거나, 외면하거나, 초점 없이 무기력하지 않다. 사람은 눈이 모든 것을 말한다고 해도 과언이 아닌데 마치 호랑이가 먹잇감을 노리듯 뚫어질 듯 응시한다. 패한 자는 시선을 돌리지만 승리가 필요한 자는 눈을 부라린다는 뜻의 '호시우행'(虎視牛行), 호랑이처럼 예리하게 보고, 소처럼 우직하게 행한다는 사자성어를 연상시킨다. 맞다. 우리 눈도 맑아야 하고 빛나야 한다. 사태를 파악하되 좌절하지 않는 눈, 급하지도 않고 물러서지도 않고 우직하게 그 방향을 향해 나아가기 위해 눈을 들어야 한다. 그게 은혜를 갈망하는 자의 자세일 것이다.

주님을 향해

괴테(Johann Wolfgang Von Goethe)의 시에 보면 "행복한 두 눈이여 그대는 무엇을 보았는가"라는 부분이 있다. 눈을 들어 보되 무엇을 보는가가 중요하다. 옛날에는 버스 터미널 화장실 문과 벽에 낙서가 참 많았다. "왼쪽을 보시오" 그래서 왼쪽을 보면 "오른쪽을 보시오", 오른쪽을 보면 "뒤를 보시오" 고개를 돌려 뒤를 보면 "뭘 봐 인마!" 그런 낙서들이었다. 뭘 보고 사느냐, 누굴 보고 사느냐에 따라 진로가 달라지고 삶의 방향이 달라진다.

자기만 바라보면 실망할 가능성이 크고, 주변만 바라보면 산만해지기 쉬운데 순례자가 눈을 들고 바라본 것은 위, 곧 소망의 눈으로 하늘을 바라보았다. 하나님이 계신 하늘은 높고 경외감을 불러일으키는 곳이다. 물론 하나님의 거주 공간을 말하는 것이 아니라 우주의 왕, 창조주, 권능의 하나님을 뜻하는 표현이다. 시의 시작은 "하늘에 계시는 주여," '계시는 주여'를 히브리어로 직역하면 '앉아계신 주여'라는 표현이며, 이는 왕권과 다스림을 의미한다. 영원 전부터 계신 왕이신 여호와, 그분의 보좌가 하늘이라며 하늘을 바라본 것, 이게 시인의 믿음이다.

신학의 흐름 가운데서 하늘에 계신 하나님이 새롭게 주목받은 적이 있다. 자유주의가 득세하던 20세기 초에 등장한 칼 바르트(Karl Barth)의 신정통주의(Neo-Orthodoxy)가 등장했을 때였다. 자유주의 신학은 인간과 이성을 신뢰하는 신학이었지만, 합리적이라는 인간이 선택한 것은 가장 야만적인 제1차 세계대전과 제국주의의 길이었다. 이것이 자유주의 신학의 한계였다. 칼 바르트는 1919년 즉각 이를 반박하는 『로마서 강해』를 쓴다. 인간의 가능성을 철저히 비판하며 하나님의 은혜를 혁명적으로 선포한 책이었다. 이 책이 독일 학계에 발표되었을 때, 사람들은 자유주의자들이 놀던 놀이터에 떨어진 폭탄에 비유했을 정도로 어마어마한 충격이었다. 이 책은 20세기 신학에 큰 영향을 미친 칼 바르트의 대표작이다.

칼 바르트는 이 책의 '서론'에서 "하나님은 하늘에 계시고 너는 땅 위에 있다"며 "그래서 모든 인간은 잠잠해야 한다"고 했다. 인간은 하늘로부터 오는 절대적 하나님의 명령 또는 계시에 순종하는 자일 뿐 스스로 어떤 윤리나 행동이나 철학을 주장해서는 안 된다. 맞다. 우리는 오직 하나님만 신뢰해야 한다.

자비를 구하며

사실 인간이 하나님께 드릴 수 있는 기도는 그저 '자비를 베풀어 주소서'여야 한다. 시인은 '은혜 베푸소서'라는 말을 세 번 반복한다. "우리에게 은혜 베풀어 주시기를 기다리나이다"(2절), "여호와여 우리에게 은혜를 베푸시고 또 은혜를 베푸소서"(3절), 이 '은혜를 베푸소서'를 새번역 성경에서는 '자비를 베풀어 주소서'라고 번역했다. 이 소리는 예수께 나아왔던 병자들이나 시각 장애인이 부르짖던 소리였다.

'불쌍히 여기소서', '자비를 베푸소서', '은혜를 베푸소서,' 이 간구는 아랫사람으로서 윗사람에게 호의와 은혜를 베풀어달라는 말이다. "나는 받을 자격이 있으니 해 주시오"가 아니라 하나님의 주권을 인정하고 간곡하게 매달리는 것이다. 좋은 일이든 그렇지 않은 일이든, 축복이든, 저주든 모든 것을 주관하는 분이 하나님이심을 인정하고, 하나님의 뜻이나 계획이 있음을 알고 있지만 권능자가 자신의 분노나 계획을 바꾸어 주시길 간구하는 것이다. 마치 왕 앞에 머리를 조아린 패장처럼, 또는 구걸하는 거지처럼 주인 앞에 서 있는 것이다. 주권자의 결정적 한 마디면 죽기도 하고 살기도 하며, 내 억울함이 해소될 수 있음을 믿고 머리를 숙이는 것이다.

3절과 4절에서 보면 순례자는 고통을 당하고 있다. 이 절에 세 번 반복되는 단어가 있다. "심한 멸시가 우리에게 넘치나이다, 안일한 자의 조소와 교만한 자의 멸시가 우리 영혼에 넘치나이다." '멸시', '조소', '멸시'란 단어다. 조소와 멸시는 한 개인을 향해 쏟아지기도 하지만, 집단으로 확대되기도 하는 모욕과 수치를 주는 행위다. 1절에서 '나'라는 일인칭 단수를 사용하던 시인은 2절부터 슬며시 '우리'라는 일인칭 복수를 쓴다. 나와 민족이 분리될 수 없기 때문이다. 개인의 문제가 곧 민족의 문제였고, 민족의 고통이 곧 개인의 고통이었다. 순례자는 디아스포라 유대인이었기 때문에 고통을 겪고 있다. 그래서 왕따당하고, 차별당하고, 조롱당한다. 유대인이 당했던 민족적 조롱 중 하나가 시편 137편에 나온다.

"우리가 바벨론의 여러 강변 거기에 앉아서 시온을 기억하며 울었도다 그 중의 버드나무에 우리가 우리의 수금을 걸었나니 이는 우리를 사로잡은 자가 거기서 우리에게 노래를 청하며 우리를 황폐하게 한 자가 기쁨을 청하고 자기들을 위하여 시온의 노래 중 하나를 노래하라 함이로다 우리가 이방 땅에서 어찌 여호와의 노래를 부를까 예루살렘아 내가 너를 잊을진대 내 오른손이 그의 재주를 잊을지로다"(1-5)

시편의 찬양이지만 1970년대 유럽에서 인기를 끌었던 보컬 그룹 '보니 엠'(Boney M)이 'By the rivers of Babylon'이라는 제목으로 노래를 불렀다. "By the rivers of Babylon, there we sat down ye-eah we wept, when we remembered Zion", 시편 137편 내용을 팝송으로 만들었는데 슬픈 상황을 디스코 풍으로 부르니 더 서글픈 느낌이었다.

"바벨론 강가에 앉아 우리는 슬퍼하네. 시온을 기억하며 바빌론 강가에 앉아 우리는 슬퍼하네." 이것을 개사해서 "흘러가는 강 물결을 바라본다. 나뭇잎 하나 살며시 띄워본다. 물결 따라 정처 없이 흘러간다. 이제는 다시 볼 수도 없을 것이다"라고 불렀다. 영어에 익숙하지 않았던 시절, 젊은 친구들은 By the rivers of Babylon을 코믹하게 "다들 이불 개고 밥 먹어"라고 개사해서 부

순례자의 노래

르기도 했다. 성경을 대중 노래로 부른 것은 드문 일이었다. 70년 대에 유행했던 노래였지만 현대에 불러도 어색하지 않게, 오히려 적절하게 현대인의 상처와 기도를 잘 노래했던 것 같다.

다시 본문으로 가서 보면, 바벨론 제국에게 망해 포로로 끌려간 이스라엘 백성들은 유브라데 강변에 옹기종기 모여 고국 시온의 영광을 생각하며, 신세를 한탄하며 눈물짓고 있다. 특이한 것은 "그 중의 버드나무에 우리가 우리의 수금을 걸었나니"(2절)라고 표현한 것이다. 시편을 찬양할 때 사용하던 수금을 버드나무에 걸어두었다는 것이다. 바벨론 군인들이나 바벨론 사람들이 그 수금으로 이스라엘에서 제일 유명한 노래를 불러 보라고 멸시하고 조롱했기 때문이다. 정복자의 통쾌함을 위해 시킨 모욕이고 조롱이었기에 이스라엘 백성들은 하나님을 찬양하는 노래를 원수들 앞에서 조롱당하며 부를 수 없었다. "우리가 이방 땅에서 어찌 여호와의 노래를 부를까"(4절).

그리고 "예루살렘아 내가 너를 잊을진대 내 오른손이 그의 재주를 잊을지로다"(5절), 연주를 안 해 손이 굳는 한이 있어도 할 수 없다는 것이다. 또 "내 혀가 내 입천장에 붙을지로다"(6절)라는 표현은 노래를 못하게 되어도 좋다는 것이다. 물론 그중에 노래를 부르지 않으면 너무 힘들어지기에 부른 사람도 있었을 것이다. 하지만 얼마나 서글펐을까? 이를 악물고 억지로 부른 노래, 그야말로 애절한 탄가가 되었을 것이다. 시인은 이렇게 기도한다. "멸망할 땅 바벨론아 네가 우리에게 행한 대로 네게 갚는 자가 복이 있으리로다"(8절), 바벨론이 반드시 무너지게 해달라는 기도다. 결국 시인의 기도대로 바벨론은 메대 바사 연합군에게 BC 539년에 멸망당한다. 그때 고레스가 점령하고 벨사살이 죽임을 당했다.

조소와 멸시, 현대 사회에서도 큰 사회적 문제다. 집단 폭동과 집단 학살로 확대될 수도 있는 심각한 사회 문제, 그 대상에게는 생명을 갉아 먹는 것 같은 고통을 줄 수 있다. 그런데 순례자는 "심한 멸시가 우리에게 넘치나이다"(3절), "조소와 멸시가 우리 영혼에 넘치나이다"(4절)라고 '넘친다'라는 표현을 반복한다. 견딜 수 있는 한계를 넘은 과도한 상태, 분노와 자괴감으로 가득 차서 생명이 죽어가는 도저히 더 이상 견딜 수 없는 상태가 된 것이다.

이 문제는 우리의 문제이기도 하다. 우리 사회에서는 특별히 이주민들이 멸시받는다. 고려인이나 조선족, 탈북민, 사회의 루저 계층을 향한 멸시가 사라져야 한다. 지난해 교회의 한 목장 심방 때, P 권사와 J 집사 두 분은 헌금을 준비하면서 봉투 안에 다음과 같은 기도 제목을 적어 넣었다. "부족하지만 ○○ 교회에 다닐 수 있게 해주신 것을 감사합니다. 거룩한 ○○ 교회에 손님이 아니라 주인 같이 잘 적응할 수 있도록 은혜 위에 은혜를 더하여 주옵시고, 교인들 모두가 국적과 상관없이 서로 내 몸처럼 사랑하는 화목한 교회이게 하옵소서…." A4 용지에 한 장씩 써 온

기도 제목은 감동이었다. 기억하라. 멸시와 조롱, 차별과 혐오의 말 한마디, 그 표현 한마디가 어떤 사람에게는 비수(匕首)가 될 수 있다.

그리고 그 소리를 듣고 계시는 분이 있다. 하나님이시다. 힘이 없기에 하나님께 호소할 수밖에 없는 분들의 탄식, 순례자의 노래는 모든 멸시당하고 조롱당하는 자들의 은혜를 갈망하는 기도다. 하나님은 그들의 한숨과 기도를 들으신다. 그리고 멸시와 조롱은 친히 복수하시고, 한숨과 분노로 가득한 영혼을 위로와 생명의 영으로 충만하게 하실 것이다. 시인과 순례자들처럼 힘든 상황일지라도 눈을 들어 하늘에 계신 주님을 바라보고, 자비와 은혜를 갈망하는 노래를 부른다면 반드시 은혜받고 활짝 웃게 될 것이다.

5

은혜에 대한 감사의 노래

시편 124편 강해

이스라엘아, 한목소리로 크게 노래하자!
하나님께서 우리 편이 되어 주시지 않았다면
하나님께서 우리 편이 되어 주시지 않았다면
모두가 우리를 대적하던 그때
격분한 그들에게 산 채로 먹혔으리라
성난 홍수에 휩쓸리고 격류에 휘말렸으리라
그 사나운 물결에 목숨을 잃고 말았으리라

오, 하나님을 찬양하여라!
우리를 버리고 떠나지 않으시고
으르렁거리는 개 떼 속의 무력한 토끼 신세로
내버려 두지 않으셨다

우리, 그들의 송곳니를 피하고
그들의 올가미에서 벗어났다
새처럼 자유를 얻었다
그들의 손아귀에서 벗어난 우리
비상하는 새처럼 자유롭다

(시편 124:1-8 Message 성경)

프랑스의 철학자 장 폴 사르트르(Jean-Paul Sartre)가 "인생은 B(Birth)와 D(Death) 사이의 C(Choice)"라고 했다. 이 말은 선택의 중요성을 강조하면서 동시에 선택에 대한 후회를 암시한다. 인간은 자기 선택에 따라서 자기 정체성을 형성하고, 삶의 방향을 결정하며 궁극적으로 자기 존재 의의를 만들어 가기 때문이다. 영국의 시인 윌리엄 블레이크(William Blake)가 선택의 결과가 예상과 다를 때 하는 후회를 "어리석은 자의 감옥"이라 했지만, 북아일랜드 퀸스 대학 심리학 교수인 에이단 피니(Aidan Feeney)는 "후회하지 않겠다는 것은 그릇된 생각"이라며 후회를 "의사 결정을 개선하게 해주는 메커니즘", "자신의 전략을 재고할 필요가 있다는 신호"로 여겼다. 후회가 오히려 유용할 수 있다는 말이다.

시편 124편은 후회나 아쉬움과는 거리가 멀지만 마치 후회할 때 흔히 하는 가정법 스타일로 시작된다. 1절과 2절에 반복해서 "여호와께서 우리 편에 계시지 아니하셨더라면"이라고 가정한 것이다. 그리고 이어지는 말씀은 정말 그랬다면 생각만 해도 끔찍한 일을 당했을 것이라고 한다. "그 때에 그들의 노여움이 우리에게 맹렬하여 우리를 산 채로 삼켰을 것이며"(3절), "그 때에 물이 우리를 휩쓸며 시내가 우리 영혼을 삼켰을 것이며"(4절), "그 때에 넘치는 물이 우리 영혼을 삼켰을 것이라 할 것이로다"(5절). 생각만 해도 아찔했던 모양이다. '삼켰을 것'이란 표현이 세 절에 연속으로 나온다. 그런데 이런 생각은 우리도 하며 산다. "그때 내가 참았더라면, 그때 내가 그 자리에 갔더라면, 그때 내가 조금만 더 늦게 갔더라면…" 하고 후회하는 것이다. 하지만 무엇보다 지금까지 산 것이 은혜였음을 아는 것이 중요하다.

일본의 세계적 부호이자 마쓰시타 전기의 창업주인 마쓰시타 고노스케(松下幸之助) 회장은 1965년 그룹의 총수가 되었을 때, 한 직원이 어떻게 이처럼 큰 성공을 이룰 수 있었는지를 묻자, 자신은 세 가지 하늘의 큰 은혜를 입고 태어났다고 대답했단다. 그것은 가난하게 태어난 것과 허약하게 태어난 것, 그리고 배우지 못한 것이라고 하자 놀란 직원이 이 세상의 모든 불행을 다 갖고 태어나신 것 같은데 그것이 어떻게 하늘의 큰 은혜냐고 다시 물었다. 그러자 마쓰시타 회장은 "가난 속에서 태어났기 때문에 부지런히 일하지 않고서는 잘 살 수 없겠다는 생각에 열심히 일해서 성공했으니 가난이 은혜였고, 허약하게 태어나 건강의 소중함을 일찍이 깨달아 몸을 아끼고 건강에 힘쓰게 되었으니 허약하게 태어난 것도 은혜였으며, 초등학교 4학년 때 중퇴했기에 항상 모든 사람을 스승으로 받들어 배우기 위해 노력하여 다양한 지식과 상식을 얻었으니 못 배운 것도 은혜였지. 불행한 환경은 나를 이만큼 성장시키기 위해 하늘이 준 시련이니 감사가 마땅하지 않겠나?"라고 했다는 것이다. 자신에게 주어진 시련을 하늘이 준 은혜로 여긴 것, 마쓰시타 회장의 이런 남다른 삶의 태도는 모든 사람이 배워야 할 삶의 자세일 것이다.

그리고 하나님의 '얼굴'보다 '손'에 더 시선을 집중하는 자세는 고쳐야 한다. "하나님의 손이 아닌 얼굴을 구하라. 우리는 받을 것만 구하지만 하나님은 대면을 원하신다"라며 "엘리야가 얻은 물의 근원은 시내가 아니라 하나님이셨다"라고 했던 젠센 프랭클린(Jentezen Franklin)의 개탄을 기억하고, 하나님의 얼굴을 구해야 한다. 『한 길 가는 순례자』에서 유진 피터슨(Eugene H. Peterson)은 시편 124편을 "나는 항상 실패의 위기 속에서 산다. 그런데 시편 124편은 위험에 관한 시가 아니라 도우심에 관한 시"라며, "우리의 생애는 우리가 겪는 위험이 아니라 우리가 체험하는 하나님의 도우심으로 빚어진다"고 했다. 그래서 124편에 "은혜에 대한 감사의 노래"라는 제목을 붙여 본다.

하나님을 믿는 은혜

요즈음 '타임 슬립'(Time Slip)을 소재로 한 드라마가 꽤 많다.

개인이나 집단이 알 수 없는 초자연 현상으로 우연히 시간 여행을 하는 것이다. 사람이 과거로 이동하고, 또 과거나 미래의 인물이 시간 여행을 통해 우리 시대로 건너오면서 겪는 문화충격을 다루거나 과거나 미래로 가서 선택을 바꾸기도 하는 것인데, 물리학계에서는 시간 여행은 가능하지 않다고 한다.

워낙 별난 시대라 상상은 자유지만 우리 현실에서 일어날 일은 아니다. 괜히 막연한 기대로 상상의 늪에 빠지지 말고 현실을 있는 그대로 받아들여야 한다. 이미 벌어진 일에서 의미를 찾고, 하나님의 뜻을 찾는 것이 옳다는 말이다. 물론 기독교는 부활의 종교이기에 리셋되고, 리폼되는 경우는 얼마든지 있을 수 있다. 반전이나 인생 역전이 일어날 때도 있기에 우리는 그것 때문에 아픔이 있어도 기대감을 갖고 사는 것이다.

순례에 나선 시인도 가정법을 부정적으로 사용하지는 않았다. '하나님이 우리 편이 아니셨다면'을 다른 표현으로 하자면 '하마터면 정말 큰일 날 뻔했다'는 것이다. 하지만 모든 것이 은혜라고 한다. 시작이 멋지다. 1절의 "이스라엘은 이제 말하기를"이라는 표현을 보면 "이스라엘은 말해야 한다"는 것이다. 순례 중 밤에 모닥불을 피워놓고 과거를 돌아보며 신앙 고백해야 한다는 말이다. 번역은 안 되었지만 '만약'이라는 히브리어 '룰레'(לוּלֵא)가 두 번 나오는데 '비현실적 과거 상황'을 전제하며 신앙 고백을 한 것이다. 그래서 이 124편은 탄식시가 아닌 감사시, 구체적으로 어떤 상황인지는 모르지만, 하마터면 목숨을 잃을 뻔했는데 하나님께서 구해주신 것에 대해 감사한다. 절정은 6절이다. "우리를 내주어 그들의 이에 씹히지 아니하게 하신 여호와를 찬송할지로다." 표현이 원색적이기는 하지만 하나님의 도우심에 대해 감사 찬송을 드린 것이다.

가정법은 멋지고 유용하다. 에이단 피니(Aidan Feeney)를 비롯한 심리학자들이 후회마저 매우 유용하다고 했는데 은혜를 깊이 감사한 것으로 보면 된다. 시인은 지금 "하마터면 끝이었는데 하나님이 내 인생을 살려주셨다"며 하나님을 믿는 은혜를 노래하고 있다.

하나님을 믿는 은혜, 아마 우리 가운데 하나님을 믿지 않았다면 틀림없이 세상 사람들처럼 물질 중심의 가치관으로 살고 있을 사람이 많을 것이다. 그렇다면 그 삶은 물질이 있으면 교만하고 물질이 없으면 비굴해지는 삶이다. 자기 힘과 권세를 믿고 이웃을 무시하거나, 끼리끼리 놀고, 낄 데 끼지 못하면 원망하고 부러워하며 사는 것이다. 아니, 어쩌면 답답한 마음에 숱한 날을 술, 담배로 지새웠을 수도 있다. 그런데 감사하게도 우리가 하나님을 만났다. 얼마나 좋은 만남이면 우리는 이런 찬송을 참 많이 불렀다.

♫ 세상 사람 날 부러워 아니하여도
나도 역시 세상 사람 부럽지 않네

하나님의 크신 은혜 생각할 때에
할렐루야 찬송이 저절로 나네 ♫

　확인된 것은 아니지만 이 찬송과 관련해서 전해오는 이야기가
있다. 영국 왕 제임스가 민정 시찰을 나갔다가 방앗간에서 흘러나
오는 가난한 노부부의 찬송을 들었다고 한다. 너무 은혜가 되고
감동되어 찾아가 이야기를 나누었는데, 노부부는 가난하지만 왕
의 신분을 전혀 부러워하지 않더라는 것이다. 제임스 왕은 그들의
신앙에 감동하고 즉석에서 2절을 개사해서 불렀다고 한다.

　♫ 세상 사람 날 부러워 아니하여도
영국 왕 제임스가 날 부러워해 ♫

　출처를 확인할 수는 없기에 누군가가 지어낸 이야기일 가능성
이 높다. 또 이 노래의 원곡이 1895년 청일전쟁 당시에 불렀던 일
본 군가 중 하나인 '용감한 수병'이라는 설도 있다. 어느 무명 수병
의 애국심을 담은 노래를 찬양으로 개사했다는 것인데 역시 허구
일 가능성이 높다. 하지만 가사가 주는 은혜가 있었기에 한때 인
기곡이었다. 이런 가치관과 행복이 믿음에서 나오기 때문이었을
것이다. 기억하라. 하나님 믿는 게 최고의 은혜다. 감사하며 살아
야 한다.

나의 하나님이시라는 은혜

순례자는 1절과 2절에 "여호와께서 우리 편에 계시지 아니하셨더라면"이라고 두 번이나 연속적으로 하나님은 우리 편이시라고 고백한다. 직역하면 '여호와가 우리를 위해 계셨다', '여호와가 우리 가운데 계셨다'는 것이다. 이 표현은 하나님이 우리 편, 다시 말해 '우리 하나님'이시라는 고백이다. 철학자나 종교인들이 싫어하는 표현이다. 그들에게 하나님은 우주적인 신, 그래서 하나님은 보편적이고 중립적이어야 하기에 어느 민족이나 특정 개인의 전유물이 될 수 없다고 한다.

하지만 성경은 줄곧 하나님을 '이스라엘의 하나님'이라고 주장한다. 지역 신이라는 뜻이 아니다. 여러 신 중 한 신이란 뜻도 아니다. 창조주요 유일신이지만 이스라엘의 하나님이시라는 것이다. 그런데 그들이 하나님을 믿고, 자신들을 지지하고, 자기들에게 복 주시는 분이라고 고백한다는 것이 중요하다. 우리도 그래야 한다. 아무리 천지를 창조한 창조주 하나님이실지라도 나와 상관이 없다면 무슨 의미가 있는가? 하나님은 반드시 나의 하나님이시라야 한다. 창조주 하나님이나 철학자의 하나님이 아닌 나의 하나님!

출애굽기 3장 6절에 보면 하나님은 모세에게 당신을 소개하실 때 "나는 네 조상의 하나님이니 아브라함의 하나님, 이삭의 하나님, 야곱의 하나님"이라 하신다. 하나님이 우리 하나님, 나의 하나님이 되신다는 뜻이다. 그래서 하나님은 무조건 사랑하고, 무조건 우리를 편드시는 분, 마치 부모가 자녀를 사랑하고 편들어 주듯 우리를 사랑하고 편드는 분이시다.

문제는 서로가 하나님을 자기편이라며, 예수 그리스도의 이름으로 전쟁까지 벌인다는 것이다. 16세기 종교 개혁으로 유럽이 격동기를 겪을 때 영국의 헨리 8세가 로마 가톨릭교회로부터 독립하여 개신교 국가가 되자 스페인은 영국을 이단 국가로 간주하고 무적함대에 2백여 명의 사제들을 태워 성찬식을 거행하며 영국을 공격했다. 영국도 엘리자베스 1세를 중심으로 하나님이 도와주시길 기도하며 맞서서 영국이 유럽 최강 스페인의 무적함대를 꺾는다. 그때부터 스페인은 쇠퇴하고 영국이 해양 패권을 장악했다. 우크라이나와 러시아도 마찬가지다. 두 나라는 같은 정교회 소속이기에 서로 하나님이 자기편이라며 이기게 해달라고 기도한다.

미국 남북전쟁 때는 북군이 초기에 계속 패배하다가 첫 승전을 하자 참모가 링컨에게 "각하! 이제 아무 염려하지 마십시오. 하나님이 우리 북군 편이십니다"라고 승전 보고를 했다. 그때 링컨은 "오직 나의 염려는 내가 하나님 편에 서 있는가 하는 것일세. 우리가 하나님을 향해 서면 하나님은 언제나 우리 편이 되어 주실 걸세"라는 명언을 남겼다. 맞다. 하나님을 우리 편 만들려면 우리가 하나님 편에 서 있어야 한다.

성경에 보면 하나님이 우리 편이라는 말은 가난한 자나 약자에게는 거의 무조건적 정당성을 갖는 것 같다. 가난한 자를 편 드시는 하나님, 신명기와 시편, 그리고 예언서 곳곳에서 서술되는 하나님이 바로 가난한 자를 돌보고, 편드시는 하나님이시다. 가진 자의 하나님, 권세자들의 하나님이 아니다. 그래서 우리는 하나님을 포기하지 말아야 한다. 아니 하나님이 나의 하나님이신 것에 감사해야 한다. 기억하라. 하나님은 나의 하나님이시다.

자유케 하신 은혜

순례자에게 닥친 고난은 상상을 초월할 정도였던 것 같다. "그들의 노여움이 우리에게 맹렬하여 우리를 산 채로 삼켰을 것이며"(3절)라는 표현은, 원수들을 산 채로 잡아먹는 괴물 같은 존재라는 것이다. 실제 고대 사회에서는 전쟁에 패한 민족이나 이방인들을 이처럼 고통스럽게 죽이기도 했다. 문제는, 오늘날 우리 사회도 크게 다르지 않다는 것이다. 우리 주변에 보면 이런 괴물이 여전히 살아 있다. 누군가를 좌표 찍고 벌떼처럼 달려들어 공격하고 협박하는 네티즌들의 모습이 바로 그런 괴물 아닌가?

또 "물이 우리를 휩쓸며 시내가 우리 영혼을 삼켰을 것이며 그때 넘치는 물이 우리 영혼을 삼켰을 것이라"(4-5절)고 했다. 대적들의 공격을 거센 물살에 비유한 것, 우기에 급류가 흐르는 와디(Wadi)를 힘겹게 건넜던 경험이 떠올랐을까? 원수들로 인한 위험이 마치 파괴적인 홍수와 급류, 쓰나미처럼 몰려와 덮쳤다는 것이다. 제방이 무너지고 산사태가 나서 집과 사람들을 쓸어갈 때의 모습처럼 외부 환경이나 사건이나 대적들의 공격이 감당하기 힘든 끔찍한 파상 공세로 다가왔던 모양이다.

이것은 단순한 비유가 아니다. 디아스포라 이스라엘이 이방 땅에서 실제로 겪는 현실이다. 그런데 6절에서 순례자는 이렇게 고백한다. "그들의 이에 씹히지 아니하게 하신 여호와를 찬송할지로다." 이는 잔인하면서도 잘근잘근 씹히는 지속적 고통에서 벗어나게 해주신 하나님의 은혜에 대한 찬양이다. 시인은 자신을 사냥꾼의 올무에 걸린 새에 비유한다. 퍼덕일수록 벗어나기는커녕 더 강하게 조이는 올무, 스스로는 빠져나올 재간이 없다. 그러나 하나님이 그 올무를 끊어주셨다. 함정에서 건지셨다. 이제는 자유다! 얼마나 기뻤을까? 기적이다. 살아서 순례 여정을 이어갈 수 있다는 게 너무 감사하다. 그래서 하나님을 송축한다. 그리고 8절에서 그는 선포한다. "우리의 도움은 천지를 지으신 여호와의 이름에 있도다."

♫ 오 올무가 끊어졌네 해방되었네 우리 도움은 주의 이름,

오 올무가 끊어졌네 해방되었네 우리 도움은 주의 이름 ♬

너무 든든한 빽이다. 그래서 "덤비려면 덤벼!"라는 담대한
자세를 취하는 것이다. 로마서 8장에서 바울이 외친 고백처럼
말이다.

> "그러므로 이제 그리스도 예수 안에 있는 자에게는 결코 정
> 죄함이 없나니… 생명의 성령의 법이 죄와 사망의 법에서
> 너를 해방하였음이라… 누가 우리를 그리스도의 사랑에서
> 끊으리요 환난이나 곤고나 박해나 기근이나 적신이나 위험
> 이나 칼이랴… 다른 어떤 피조물이라도 우리를 우리 주 그
> 리스도 예수 안에 있는 하나님의 사랑에서 끊을 수 없으리
> 라"(롬 8:1-2, 8:35-39)

맞다. 죄에서 자유를 얻게 하신 예수 그리스도, 우리 영혼과
몸을 얽어매고 있던 모든 것을 단칼에 끊어버리셨다. 그리고 하
나님께서 우리 하나님, 나의 하나님이심을 확인시켜 주셨다. 믿
게 하고, 목숨까지 내어주며 끝까지 책임지신 십자가의 사랑으
로 나의 하나님이 되신 것이다. 그 은혜를 기억하고, 감사 찬양을
올려드림이 마땅할 것이다.

확신의 노래

시편 125편 강해

하나님을 신뢰하는 이들
시온 산과 같다네
결코 흔들리지 않고
언제든 기댈 수 있는 견고한 바위산
산들이 예루살렘을 둘러싸듯
하나님께서 자기 백성을 둘러싸시네
지금껏, 또 언제까지나
악인의 주먹질에 의인이 제 몫을 빼앗기거나
폭력으로 내몰리는 일 결코 없으리라
하나님
주님의 선한 백성, 마음이 올곧은 이들을 선대해 주소서!
타락한 자들은 하나님께서 잡아들이시리라
구제불능인 자들과 한 곳에 몰아넣으시리라
이스라엘에게 평화가 있기를!

(시편 125:1-5 Message 성경)

시대마다 사랑받는 찬송이 있고, 나이에 따라 선호하는 찬송이 있으며, 누구나 개인적으로 아끼는 찬송이 있다. 그런데 그 개인적인 찬송조차도 처한 환경에 따라 달라지는 것 같다.

군목 시절, GOP 부대를 위문하러 다닐 때 입에서 절로 흘러나온 찬송은 '태산을 넘어 험곡에 가도'(찬송가 502장)였다. 깊은 산속, 어두운 철책, 대남 방송과 대북 방송이 시끄럽게 울려 퍼지는 가운데, 어디선가 바스락거리는 소리만 들려도 등골이 오싹해지는 그 긴장 속에서, 이 찬송은 저절로 흥얼거리게 되는 고백이었다.

예루살렘 성전을 향해 여행하던 순례자들도 순례길에서 다양한 찬송을 불렀을 것이다. 그러다 예루살렘 근처에 이르러, 시온산 꼭대기에 자리한 예루살렘 성이 눈 앞에 펼쳐질 때, 그들이 부른 노래가 바로 시편 125편이었을 것 같다. 예루살렘이 산들에 둘러싸인 모습을 바라보며, 신앙을 고백하기에 적합한 찬송이다.

대부분의 학자는 이 시편이 이스라엘이 외세의 지배를 받던 시기에 지어진 것으로 본다. 평화롭게 살아가던 마을에 어느 날

갑자기 전쟁이 일어났다고 상상하면 이해가 쉬울 것이다. 무자비한 이방의 침략으로 가족을 잃고, 모든 것을 빼앗긴 상황이다. 재산을 잃고, 자유도 잃고, 인권마저 박탈당한 채, 어디를 가든 통제받고, 마음대로 말할 자유조차 없는 현실이다. 전통은 무시되고, 생존을 위해 침략자들의 언어를 배우고 그들이 섬기는 신(神)을 섬겨야 하는 날들, 하루하루가 불안 속에서 이어진다. 얼마나 외롭고, 불안하며, 마음이 요동쳤을까?

다른 민족에게 지배받는 격동의 나라, 희망이 보이지 않는 불안한 나라, 끝이 보이지 않는 고난의 나라. 그럼에도 불구하고, 흔들리지 않고 굳건히 설 수 있는 비결이 바로 시편 125편의 노래를 부르는 것이 아니었을까?

"시편의 노래들은 기념비가 아니라 발자국이다. 기념비에는 '적어도 이만큼은 해냈노라'라고 새겨져 있지만, 발자국은 '다음 걸음을 뗄 때까지 여기 머물다 가노라'라고 말했던 유진 피터슨(Eugene H. Peterson)은 시편 125편을 "그리스도인의 안전을 노래한 시편"이라며, "하나님이 우리 편이시기에 요새를 따로 세울 필요가 없다"라고 했다. 의지하기에 충분한 분이시라는 말이다. 맞다. 흔들리는 세상 속에서도 흔들리지 않는 믿음, 그래서 이 시편에 "확신의 노래"라는 제목을 붙여 본다.

흔들림이 없다

시인은 먼저 "여호와를 의지하는 자는 시온산이 흔들리지 아니하고 영원히 있음 같다"(1절)고 노래한다. 여기저기 솟아있는 산을 보며 시온산을 떠올렸을까? 절기를 맞아 예루살렘을 향하던 순례자의 눈에 시온산이 보이자, 가슴이 뛰었던 모양이다. 아니면 삼각형 구조라 기초가 든든하기에 쉽게 흔들리지 않는다는 생각이 들었을까? 흔들리지 않는 믿음의 사람이 되기를 다짐하는 노래를 불렀다.

비록 파괴된 솔로몬 성전에 비해 너무 초라한 성전이지만 시온산은 여전히 그 자리에 있다. 마음을 든든하게 하는, 약간 높은 구릉지대에 불과하지만, 예루살렘을 상징하는 산이다. 성전이 시온산 동북쪽 끝자락의 모리아 산에 자리 잡고 있어도 이스라엘 백성들에게는 성전이 있는 곳과 동일시된 곳, 예루살렘에서 가장 높은 산이다. 실제로 가서 보면 어디가 시온산인지 구분하기 어려울 정도로 높지 않지만, 하나님의 약속이 주어진 산, 희망과 구원의 보증 같고, 이스라엘 백성들에게는 마치 우주의 중심 같은 곳이다.

거기서 하나님께 예배드렸고, 거기서 하나님을 만났다. 또 통일왕국을 누리고, 그 산으로부터 다스림을 받았다. 그래서 시온은 마음과 신앙의 중심지이자 민족의 고향, 희망의 상징, 구원의 징표였다. 시편 48편은 시온산을 이렇게 노래한다. "터가 높고 아름다워 온 세계가 즐거워함이여, 큰 왕의 성 곧 북방에 있는 시온산이 그러하도다"(시 48:2). 사실 시온산은 높은 산도 아니고, 아름다운 산도 아니다. 오히려 예루살렘 성 밖의 감람산이 80m 정도 더 높고, 북쪽으로 더 올라가면 3,000m에 달하는 헐몬 산(Mt. Hermon)이 눈 덮인 채 우뚝 솟아있다.

그럼에도 불구하고 낮고 볼품없는 산을 "♪ 터가 높고 아름다워 온 세상의 기쁨, 저 북방에 있는 시온산 큰 왕의 성일세 ♫"라고 찬양하는 이유는 시온산이 여호와 하나님이 거하시는 곳이기 때문이다. 종말에 시온산이 실제로 높아지는 지형 변화가 있을지는 모르겠지만, 복음이 흘러나오는 시온은 '하나님이 세우신 구원의 높이'를 상징한다. 스가랴서의 표현처럼 "온 땅이 아라바 같이 되되 예루살렘이 높이 들려 그 본처에 있으리니"(슥 14:10), 그날에는 시온산이 가장 높아지고, 그 영광 앞에 모든 산이 평지가 될 것이다.

그래서 시온은 '여호와의 산'이라 불린다. "말일에 여호와의 전의 산이 모든 산꼭대기에 굳게 설 것이요 모든 작은 산 위에 뛰어나리니 만방이 그리로 모여들 것이라"(사 2:2). 여기서 '여호와의 전의 산'이 시온산, '모든 산꼭대기에 굳게 설 것', '모든 작은 산 위에 뛰어나리니,' 마치 우주에서 가장 높은 산처럼 서술했다. 이 표현으로 보면 8,848m의 에베레스트조차 작은 산이다. 하나님이 좌정하고 계신 산, 그 높은 산으로 열국 백성들이 순례해 오는 것, 그것이 바로 이스라엘의 영광이며 종말의 그림이다.

시온산이 가장 높다고 말하는 또 다른 이유는, 그곳에 하나님의 말씀인 율법이 있기 때문이다.

> "오라 우리가 여호와의 산에 오르며 야곱의 하나님의 전에
> 이르자… 이는 율법이 시온에서부터 나올 것이요 여호와의
> 말씀이 예루살렘에서부터 나올 것임이니라"(사 2:3)

마치 강의 근원처럼, 하나님의 말씀이 시온에서 흘러나와 세상을 향해 퍼져나간다. 이 율법은 시내산에서 모세가 받은 율법이 아니라 은혜의 복음, 구원의 복음이다.

시온은 이스라엘의 영광을 상징하는 동시에, 잃어버린 고향처럼 아련하고 애틋한 곳이다. 많은 고초를 겪고, 빼앗기고, 디아스포라가 되어 멀리서 바라볼 수밖에 없었던 곳. 그래서 이사야와 예레미야는 시온을 '딸 시온', '처녀 시온'이라 불렀다. 사랑스럽지만 그만큼 운명이 애처롭다는 뜻이 담긴 표현이다.

이사야의 신학에는 '시온 난공불락설'이 있다. 하나님이 사랑하시기에 시온은 절대로 무너지지 않는 철옹성이라는 믿음이다. 유다의 히스기야 왕 시대, 앗수르의 산헤립 왕이 시온을 포위하고 조롱했을 때, 하나님은 이사야를 통해 말씀하셨다. "처녀 딸

시온이 너를 멸시하며 너를 비웃었으며 딸 예루살렘이 너를 향하여 머리를 흔들었느니라"(왕하 19:21). 그리고 "내가 나와 나의 종 다윗을 위하여 이 성을 보호하여 구원하리라"(왕하 19:34). 그날 밤, 여호와의 사자가 산헤립의 군대 18만 5천 명을 치셨고, 산헤립은 니느웨에서 쿠데타로 죽임을 당했다. 시온은 난공불락의 성이었다.

바벨론 포로기에 이스라엘은 예루살렘 시온산을 그리며 회복과 해방의 날을 꿈꾸었다. 결국 시온으로 돌아오는 모습을 이사야 선지자는 "좋은 소식을 전하며 평화를 공포하며 복된 좋은 소식을 가져오며 구원을 공포하며 시온을 향하여 이르기를 네 하나님이 통치하신다 하는 자의 산을 넘는 발이 어찌 그리 아름다운가"(사 52:7)라고 노래했다.

이스라엘이 쇠퇴하고 영광이 곤두박질쳤을 때 시온을 향한 하나님의 구원과 회복의 약속이 있었다. "나는 시온의 의가 빛같이, 예루살렘의 구원이 횃불같이 나타나도록 시온을 위하여 잠잠하지 아니하며 예루살렘을 위하여 쉬지 아니할 것인즉"(사 62:1), 그 약속대로 이스라엘은 AD 70년 로마에 의해 멸망을 당한 뒤, 나라 없이 지내다가 1948년에 팔레스틴 지역에 현대 이스라엘을 세웠다.

2천 년이라는 긴 세월을 인내하며 포기하지 않게 만든 힘이 바로 이 시온을 향한 사랑이었다. 시온산은 자연의 관점에서 볼 때도 아주 견고하고 흔들리지 않는 안정된 산이고, 신앙적인 관점에서 볼 때도 기초가 견고하고 흔들리지 않는 믿음의 산이다.

순례자의 고백처럼 태산인 시온산처럼 요동하지 않고, 세상의 그 어떤 위력이나 폭력에도 굴하지 않고, 재물이나 유혹이나 인기에 넘어지지 않고, 뚜렷한 주관과 소신으로 뚜벅뚜벅 전진하는 사람, 이런 사람이 여호와를 의지하는 사람이다. 나라가 흔들리는 격동의 시대지만 우리는 환경 지향적인 사람(Other orientation)이 아니라 여호와를 의지하는 사람(Faith orientation), 신앙 지향적인 사람답게 흔들리지 않는 사람이 되어야 한다.

보호받고 사랑받고 있다

시인은 "산들이 예루살렘을 두름과 같이 여호와께서는 그의 백성을 지금부터 영원까지 두르시리로다"(2절)라고 노래한다. 예루살렘은 북쪽으로는 높은 고원지대, 동, 서, 남쪽으로는 시온산, 모리아 산, 감람산 등으로 둘러싸여 있다. 그 산꼭대기에 자리한 예루살렘 성은 난공불락의 요새, 외부 공격으로는 정복할 수 없는 성이다. 포위하고 있으면 식량이 모자라 스스로 항복해서 나오기 전에는 결코 함락시킬 수 없었다. 실제로 로마가 북쪽 고원에 인공 산을 쌓아 함락시킨 것이 유일할 정도로 예루살렘은 사방이 천혜의 요새로 둘러싸인 도시였다.

순례자는 겹겹이 이어진 산세를 바라보며 여호와의 임재를 느낀다. 생채기와 가시로 고생하고 있다고 느끼던 자신이, 이제는 산이 둘러쳐진 것 이상으로 하나님께서 둘러서 보호하신다고 확신한다. 산처럼 늘 제자리를 지켜주신 하나님, 그래서 세상의 그 누구도, 그 어떤 것도 침략할 수 없도록 그분이 울타리가 되신다고 노래한다. 바울은 그 든든함을 이렇게 고백했다.

> "누가 우리를 그리스도의 사랑에서 끊으리오 환난이나 곤고나 박해나 기근이나 적신이나 위험이나 칼이랴… 이 모든 일에 우리를 사랑하시는 이로 말미암아 우리가 넉넉히 이기느니라 내가 확신하노니 사망이나 생명이나 천사들이나 권세자들이나 현재 일이나 장래 일이나 능력이나 높음이나 깊음이나 다른 어떤 피조물이라도 우리를 우리 주 그리스도 예수 안에 있는 하나님의 사랑에서 끊을 수 없으리라"(롬 8:35-39)

그 어떤 강력도 뚫을 수 없는 가장 완벽한 보호, 바울은 하나님의 사랑을 가장 확실한 안전이라 했다. 권력의 보호막도, 물질의 울타리도 아니다. 창조주 하나님, 만왕의 왕이 보호막이 되신다는 것, 우리도 바울처럼 확신해야 한다.

순례자는 하나님을 이스라엘의 하나님으로 노래한다. 창조주이시자 온 우주 만물의 통치자이신 하나님이시지만 이스라엘의 하나님, 의인의 하나님이시라는 것이다. 그리고 그 하나님을 '정의의 하나님'이시라고 한다. "악인의 규가 의인들의 땅에서는 그 권세를 누리지 못하리니"(3절), 여기서 '규'는 막대기, 통치와 폭력을 상징한다. 그리고 남의 땅을 침략하는 제국주의자들이나 권세 부리고 폭력을 행사하는 '악인', 5절에서는 "자기의 굽은 길로 치우치는 자들", "죄를 범하는 자들"이라며 율법 없이 자기 욕망과 무지를 좇아 악을 행하고 죄짓는 그들은 결국 의인들의 땅에 설 자리가 없을 것이라는 말씀이다.

반면에 의롭고 선하고 올곧게 살고자 하는 순례자는 자신을 스스로 '의인'이라 칭하며 자기 땅을 '의인의 땅'이라고 부른다. 4절에서는 자기 민족을 '선한 자들', '마음이 정직한 자들'이라 했다. 민족적으로 당하는 고난이든, 개인적 채무로 인해 노예가 되었든 정의의 하나님이 선대하고 보호하신다는 것, 시인은 서글픈 현실 가운데서도 하나님의 보호와 약속을 떠올리며 위로를 얻는다. 잊지 말라. 여호와를 의지하는 사람은 하나님의 정의로 보호받고, 하나님의 사랑으로 감싸인 사람이다.

평강이 있을지어다

시인은 "이스라엘에게는 평강이 있을지어다"(시 125:5)라고 노래한다. 이는 모든 것이 제자리를 찾아가는 평화, 곧 '샬롬'을 기원하는 것이다. 이 평화는 선하고 올곧은 이들이 하나님의 좋으심과 약속을 누리는 은혜의 상태다. 복수를 꿈꾸는 것이 아니라, 산들이 제자리를 지키듯, 잃어버린 것들이 제자리를 되찾기를 바라는 마음이다. 그리고 시인은 '사랑의 하나님'께서 반드시 그렇게 해주실 것이라고 확신한다.

"악인의 규가 의인들의 땅에서는 그 권세를 누리지 못하리니"(3절)라는 말씀처럼 이방 제국의 폭력과 위력이 이스라엘을 위협해 시온산이 흔들리며, 무너질 위기에 처하고, 선한 자들과 정직한 자들의 일상이 위협을 당한다고 할지라도 하나님은 그들을 끝까지 보호하시는 분, 순례자에게 하나님은 끝까지 책임지는 사랑의 하나님이시다. 또 하나 주목할 것은 시편 곳곳에서 의인이 '가난한 자'와 연결된다는 것이다.

> "여호와여 일어나옵소서 하나님이여 손을 드옵소서 가난한 자들을 잊지 마옵소서"(시 10:12)

여기서 말하는 가난한 자들은 의롭게 살다가 가난하게 된 사람들이다. 하나님이 그 가난한 사람들을 사랑으로 보호하신다. "산들이 예루살렘을 두름과 같이 여호와께서 그의 백성을 지금부터 영원까지 두르시리로다"(2절), 예루살렘 주변의 크고 작은 산들과 광야가 예루살렘을 보호하는 것처럼 하나님이 우리 몸와 영혼을 겹겹이 보호하신다. 순례자의 눈에는 적들의 공격보다 생명 싸개로 감싸시고, 불 성곽으로 둘러 성을 지키시는 하나님이 더 크게 보인다. 위축될 이유가 없다. 오히려 담대함이 솟구친다.

그리고 마침내 평강을 누린다. "이스라엘에게는 평강이 있을지어다," 이 고백이 우리의 노래이자 간구가 되어야 한다. 직역하면 "이스라엘 위에 평화가"인데, 여기서 평화는 샬롬, 원래 뜻은 '온전함'이다. 샬롬은 우리의 노력으로 누릴 수 있는 것이 아니라 하나님이 주시는 선물이다. 민수기에 보면, "여호와는 네게 복을 주시고 너를 지키시기를 원하며 여호와는 그의 얼굴을 네게 비추사 은혜 베푸시기를 원하며 여호와는 그 얼굴을 네게로 향하여 드사 평강 주시기를 원하노라"(민 6:24-26). 하나님을 의지하는 사람은 흔들림이 없는 삶을 살고, 안전한 삶을 누릴 뿐 아니라 참된 평안을 경험하며 산다는 것이다.

비록 세상의 유혹과 박해가 강한 시대지만 흔들림 없는 안전한 삶은 물론, 전쟁이 없는 샬롬, 폭력이나 상처로 몸과 영혼이 위축되지 않는 샬롬, 더 나아가 생명력으로 가득한 샬롬으로 충만하기를 축복한다.

7

눈물의 노래

시편 126편 강해

꿈인가 생시인가 했지
붙잡혀 갔던 이들을
하나님께서 다시 시온으로 데려오셨을 때

우리,
웃음을 터뜨렸네
노래를 불렀네
너무 좋아 믿을 수 없어 했지
우리는 뭇 민족들의 화젯거리였네
"저들의 하나님, 참으로 놀랍군!"
그렇고말고,
우리 하나님은 정말 놀라우신 분
우리는 그분의 행복한 백성

하나님,
다시금 그렇게 해주소서!
가뭄에 찌든 우리 삶에 단비를 내려 주소서
절망 가운데 곡식을 심은 이들
환호성을 올리며 추수하게 하소서
무거운 마음을 지고 떠났던 이들
한아름 복을 안고 웃으며 돌아오게 하소서

(시편 126:1-6 Message 성경)

이해인 시인은 '눈물'이라는 시에서 눈물을 '나를 속일 수 없는 한 다발의 정직한 꽃', '기쁠 때나 슬플 때 피는 꽃'이라고 표현하며, 그 눈물이 '기도가 되고, 뼛속으로 흐르는 음악이 된다'고 노래했고, 철학자 괴테(Goethe)는 "눈물 젖은 빵을 먹어보지 않은 사람과는 인생을 논하지 말라"며 눈물로 표현되는 괴로움과 힘겨움이 사람을 성숙하게 해준다고 했다.

예수님을 찾아온 사람들은 대부분 영육이 고단하고 갈급한 눈물의 사람들이었다. 귀신 들린 딸로 인해 개 취급을 당하며 구원의 손길을 간청했던 가나안 여인(막 7:24-30), 에바다의 기적을 경험한 귀먹고 말이 어눌했던 사람(막 7:31-37), 나면서부터 눈먼 사람(요 9:1-10), 12년간 혈루병을 앓았던 여인(막 5:25-34), 돌무화과나무에 올라갔던 삭개오(눅 19:1-10), 모두 육신의 질병과 정신적 고독, 사회적 멸시와 천대를 견뎌야 했던 눈물의 사람들이었다.

시편 126편은 눈물의 시다. 바벨론 포로에서 돌아온지 얼마 되지 않은 시점을 회상하며, 감격의 눈물로 부른 이 시편은 이스라엘의 아픈 역사와 회복을 잘 보여준다. BC 587년, 바벨론에 의해 성전이 무너지고 이스라엘은 멸망했다. 제사장과 유대의 엘리트들은 포로로 끌려가거나 이집트로 도망쳤고, 많은 세월이 흘렀다. 디아스포라 유대인들은 바벨론 제국이 영원할 것이며, 다시는 고국으로 돌아가지 못할 것으로 생각했었다.

그런데 BC 539년, 꿈 같은 일이 벌어졌다. 바벨론 제국이 페르시아에 의해 무너진 것이다. 고레스가 바벨론에 무혈 입성하며 제국의 주인이 바뀌었다. 그때 혜성처럼 등장한 제2 이사야는 이사야서 40장부터 55장까지를 선포하며 이스라엘의 해방을 외쳤다. 이름 없이 '야훼의 종'이라 불린 선지자는 "너희는 위로하라 내 백성을… 노역의 때가 끝났고 그 죄악이 사함을 받았느니라… 너희는 광야에서 여호와의 길을 예비하라 사막에서 우리 하나님의 대로를 평탄케 하라"(사 40:1-3)라고 외쳤다. 돌아갈 대로를 준비하라는 것이다.

하지만 사람들은 귀를 기울이지 않았다. 바벨론 생활에 익숙해졌고, 제국의 주인만 바뀌었지 포로 상태는 여전할 것으로 여겼기 때문이었다. 선지자는 오히려 무시당했고, 위험 인물로 낙인찍혔다. 결국 그는 자신이 예언한 "그가 찔림은 우리의 허물 때문이요 그가 상함은 우리의 죄악 때문이라"(사 53:5)는 말씀처럼, 고난받는 종의 운명을 본인이 직접 겪게 되었다.

그런데 정말 이사야의 말처럼 해방이 찾아왔다. 숱한 날 바벨론 강변에서 흘렸던 눈물이 기도였는데, 뼛속으로 흐르는 음악이었는데 그 눈물이 현실이 되었다. 바벨론을 무너뜨린 페르시아 제국이 1년 후인, BC 538년에 정책을 바꾸면서 고국으로 돌아가도록 허락했기 때문이다. 고레스 칙령이 이스라엘 백성들에게는 해방령이 된 셈이다.

마치 우리나라가 일본의 패망과 함께 해방의 기쁨을 누렸던 것처럼, 이스라엘 백성들도 고국으로 돌아오는 광복의 감격을 누렸다. 그래서 우리는 그들의 기쁨을 누구보다 잘 이해할 수 있다. 이 시편의 키워드는 '기쁨'이다. 눈물로 씨를 뿌린 자들이 기쁨으로 거둘 때 부르는 노래, "눈물의 노래"라는 제목이 어울린다.

꿈 같은 현실을 맞다

"여호와께서 시온의 포로를 돌려보내실 때에 우리는 꿈꾸는 것 같았도다"(1절). 너무 뜻밖의 일이라는 말이다. 70년 만에 맞는 꿈 같은 현실, 그들은 그 감격을 이렇게 노래했다. "그 때에 우리 입에는 웃음이 가득하고 우리 혀에는 찬양이 찼었도다 여호와께서 우리를 위하여 큰 일을 행하셨으니 우리는 기쁘도다"(2-3절). 공동번역으로 보면 "꿈이든가 생시든가! 그날 우리의 입에서는 함박 같은 웃음 터지고, 흥겨운 노랫가락 입술에 흘렀도다. 야훼께서 우리에게 놀라운 일을 하셨으니 우리는 얼마나 기뻤던가!"

귀환이 그들에게는 복음이었다. 해방되는 복음, 그리고 구원! 민족이 해방되듯 그리스도 안에서 한 사람이 해방되는 것도 마찬가지다. 죄와 욕망의 포로, 마귀의 포로, 권력의 포로에서 해방된 것, 민족적이든, 개인적이든 해방은 사탄의 세력으로부터의 해방이기에 기쁨이요 감격이다. 기억하는가? 우리는 예수 믿고 하나님의 자녀가 된 순간 함박웃음이 터지고, 흥겨운 콧노래가 흘러나오며 날아갈 것 같은 기분이었다.

하지만 우리의 현실은 어떤가? 믿는 즉시 재물이나 권세나 명예를 얻고, 질병으로부터 고침받는 것은 아닐지라도 믿는 즉시, 그리고 항시적으로 주어지는 것이 '기쁨과 감격'인데, 과연 날마다 기쁨과 감격으로 살고 있는가? 주변 사람들도 부러워할 만한 행복한 삶을 살고 있는가?

이스라엘 백성들이 맞은 꿈 같은 현실은 단순히 고레스의 칙령 때문이 아니다. 표면적으로는 맞지만, 시인의 고백은 다르다. "여호와께서 시온의 포로를 돌려보내실 때에"(1절), 이 꿈 같은 일을 이루신 분이 고레스가 아니라 여호와 하나님이시라는 선언이다. 칙령을 내린 고레스의 배후를 하나님으로 본 것이다. 신본주의적 역사관이 아니라면 할 수 없는 선언일 것이다. 우리도 이렇게 살아야 한다. 그래야 하나님의 은혜로 꿈 같은 현실을 살고, 주체할 수 없는 기쁨으로 살 수 있을 것이다. 부디 예배드린 다음에도 지옥에서 출장 나온 것 같은 표정 짓지 말고, 정리 안 된 냉장

고처럼 온갖 잡념으로 가득 찬 심각한 표정 짓지 말고, 활짝 웃는 사람이 되기를 바란다.

중국 격언에 "웃는 얼굴이 아니면 장사도 하지 말라"는 말이 있다. 찌푸린 얼굴로 손님 맞는 집에서 물건 사고 싶겠는가? 심리학자 윌리엄 제임스(William James)는 "행복해서 노래 부르는 것이 아니라, 노래 부르니 행복해진다"고 했다. 기뻐서 웃는 것이 아니라 웃으니까 기뻐진다는 것이다. 조선의 명의 허준은 "웃는 얼굴은 어떤 보약보다 좋다"고 했다. 웃음은 건강한 영혼의 표현이다. 기억하라. 웃기 위해 눈물로 씨를 뿌리는 사람은 꿈 같은 현실을 맞을 수 있다.

회복을 기도하다

귀환이라는 꿈 같은 현실을 맞은 이스라엘, 처음에는 행복했다. 꿈에도 그리던 예루살렘에 돌아왔으니 얼마나 좋았을까? 고향의 거리는 물론 무너진 성벽의 돌 하나하나까지 다 정겨웠다. 비워두었던 고향 집이 엉망이 되었어도, 그곳에 누워 하늘을 바라볼 수 있다는 사실만으로도 눈물 나게 큰 행복이었다. 하지만 그 행복은 오래가지 못했다. 그래서 시인은 "대사를 행하셨던 여호와여 이제 다시 우리의 포로를 남방 시내들같이 돌려보내소서"(4절)라고 노래한다.

시인 김현승 장로는 "나의 웃음을 만드신 후에, 새로이 나의 눈물을 지어 주시다"라고 노래했는데 그들이 그리워했던 고향은 소가 한가로이 풀을 뜯고, 뒤뜰에는 닭이 뛰노는 정겨운 풍경이 아니다. 현실은 혹독했다. 살던 집은 불탔고, 동네는 황폐해졌으며, 성전은 파괴되고, 성벽도 무너졌다. 굶주림과 폐허, 불안과 불편, 모든 것이 막막했다. 무엇보다 포로기에 들어와 정착했던 이방인들의 저항과 방해가 극심했다. 성전 재건도, 예루살렘 성벽 재건도 끊임없이 방해받았다.

결국 눈물로 씨를 뿌려 22년 후인 BC 516년에야 성전을 완공하고, 예루살렘 성벽은 근 100년 후인 느헤미야 시대에야 완공했다. 그 사이 내부적으로도 공동체 의식이 와해되고 사회 정의가 실종되었다. 얼마나 울었는지 그들이 흘린 눈물은 핏물이 되었다.

그러나 "피 흘림이 있는 곳에 축복이 있다"(Bleeding with blessing)고 했던가? 하나님이 또 다른 선지자를 통해 격려해 주신다. 제2 이사야의 정신을 잇는 제3 이사야는 이사야서 56장에서 66장을 통해 외친다. "실망하지 마라. 하나님이 예루살렘을 영광스럽게 하실 것이다." 그중 이사야 60장 1절은 "일어나라 빛을 발하라. 이는 네 빛이 이르렀고, 여호와의 영광이 네 위에 임하였음이니라." 이스라엘 백성들이 회복된 시온으로 돌아올 것이고, 시온은 만국을 다스리시는 하나님 나라의 중심지가 될 것이라는 말씀이다. 열방이 시온에서 복을 나누고, 그 복이 메시아 잔치가 될 것, 다시 말해 시온이 세계의 중심이 될 것이라는 예언이다.

그들은 기대를 담아서 이렇게 기도했다. "우리의 포로를 남방 시내들 같이 돌려 보내소서"(4절), 아직 바벨론에서 돌아오지 못한 포로들이 속히 귀환하게 해달라고 눈물로 기도한 것이다.

이 시에 가장 많이 나오는 단어가 무엇인가? '우리'다. 총 6번 등장한다. 기쁨도 함께, 축복도 함께, 아픔과 상처를 주는 공동체가 아니라 기쁨과 감동을 함께 나누는 공동체가 되기를 바라는 간절한 기도다. 그리고 '남방 시내들 같이 돌려 보내 달라'고 했는데, 여기서 '남방'은 네게브 사막을 의미한다. '돌려 보내소서'는 히브리어로 슈바(שׁובה), 강세 명령형이다. 약속(렘 29:14, 암 9:14, 습 2:7)에 근거하여 꼭 돌려 보내 달라고 강력하게 청원한 것이다. 우리도 북한에 10년 이상 억류된 6명의 선교사의 석방을 위하여 눈물로 청원해야 할 것이다.

'남방 시내'는 이스라엘 남쪽의 사막지대를 흐르는 '와디'라고 부르는 강이다. 여름 건기 때에는 말라 있어 평상시에는 길이고, 황무지 같지만 겨울 우기에 비가 내리면 창일한 강물이 되어 흐른다. 생명이 살아난다. 꽃이 피고 나무가 무성해진다.

순례자의 회복을 위한 이 눈물의 기도는 이사야 선지가 35장에서 꿈꾸었던 바로 그 비전이다.

"그때에 저는 자는 사슴같이 뛸 것이며 말 못 하는 자의 혀는 노래하리니 이는 광야에서 물이 솟겠고 사막에서 시내가 흐를 것임이라"(사 35:6-7)

뜨거운 사막이 변하여 못이 되듯, 인생이라는 황무지에 장미꽃이 만발하는 인생 대역전이다.

"불가능한 일을 이루셨던 하나님, 이제 다시 그 능력을 보여주십시오! 우리 입에서 찬양과 함박웃음이 다시 피어나게 해주십시오! 다시 한번 우리 민족에 대사를 행하소서. 우리의 운명을 바꾸어 주소서." 우리도 회복을 위해 눈물로 기도의 씨를 뿌려야 한다.

기쁨으로 거두다

우리나라의 해방은 준비되지 않은 해방이었기에 그 결과가 남북 분단이라는 비극이 되었고, 80년이 훌쩍 지난 지금도 여전히 치열하게 대치하는 나라로 남게 되었다. 반면, 이스라엘의 해방은 준비된 해방, 성경은 이를 '눈물을 흘리며 씨를 뿌렸다'는 말로 표현했다. '비가 내릴 희망이 전혀 없는 상황에서 씨 뿌리는 농부의 탄식'을 이렇게 표현한 것이다. 당시 농부들은 전혀 비 올 것 같지 않은 상황에서도 씨를 뿌렸다. 실제로 1차 포로 귀환은 BC 537년에 이루어졌지만, 2차는 79년 후인 BC 458년, 3차는 93년 후인 BC 444년에야 이루어졌다. 얼마나 암울했을까? 하지만 그들은 희망의 끈을 놓지 않았다. "눈물을 흘리며 씨를 뿌리는 자는 기쁨으로 거두리로다 울며 씨를 뿌리러 나가는 자는 반드시 기쁨으로 그 곡식 단을 가지고 돌아오리로다"(5-6절), 최악의 상황에서도 울며 씨를 뿌렸다. 그것이 그들의 기도였고, 믿음이었다.

그들이 뿌린 씨는 무엇보다 말씀의 씨였다. 여호수아, 사사기, 사무엘상하, 열왕기상하까지를 '신명기 역사서'라고 하는데, 이 책들은 이스라엘이 왜 망했는가를 통렬히 반성하는 책들이다. 바벨론에서, 이집트에서 집필할 때 다시는 망하지 않겠다고 반성하며 뼈에 새겼다. 그리고 그 포로기에 모세오경을 한 권의 책으로 집대성했다. 구전 형태였던 율법들, 부족이나 지역별로 흩어져 있던 모세 전승을 제2의 모세라 불리던 학사 에스라가 최종적으로 집대성한 것이다. 그들은 이 토라를 앉으나 서나, 들어오나 나가거나, 걷거나 일하면서도 외우고, 가르치고, 마음 판에 새겼다. 그래서 포로기 이후에는 우상숭배라는 말이 사라지고, 오히려 너무 잘 지켜서 문자주의, 율법주의라는 비판을 받을 정도가 되었다.

회당과 안식일 제도가 정비된 것도 바벨론 포로기, 성전은 무너졌지만, 그들은 안식일을 지켰고, 회당을 성전 대신으로 여겼다. 광야 같은 포로지에서 회당에 모여 말씀을 나누고, 연구하고, 가르쳤다. 그들에게는 회당이 성전이었고, 학교였고, 예배처였다. 이것이 중요하다. 성전이 무너져도 여호와 신앙을 지켜낸 것, 그 신앙이 시온으로의 귀환을 가능하게 했다.

믿으라. 눈물을 흘리며 씨를 뿌리는 자는 반드시 기쁨으로 단을 거둔다. 그런 예가 많다.

- 아프리카 선교사 데이비드 리빙스턴(Livingstone, David)은 팔이 불구였다.
- 요한 웨슬리(John Wesley)는 폐병에 곰보 얼굴로 사역했다.
- 헬렌 켈러(Helen Keller)는 보지도 듣지도 말하지도 못하는 삼중고를 겪었다.
- 헨리 마틴(Henry Martyn)은 폐결핵과 싸우며 인디언 선교에 헌신했다.
- 스티븐슨(Robert Louis Stevenson)은 결핵 말기에도 명작을 집필했다.
- 마더 테레사(Mother Teresa)는 평생 만성두통에 시달렸다.
- 파스칼(Blaise Pascal)은 청년 시절부터 온몸의 통증을 견뎠다.
- 르누아르(Auguste Renoir)는 류머티즘 관절염으로 고통받으며 세기의 명작을 남겼다.

순례자의 노래

• 베토벤(Ludwig van Beethoven)은 청각장애 속에서도 비창, 월광, 그리고 운명 교향곡 등 불후의 명곡들을 작곡했다.

그들은 모두 눈물로 씨를 뿌린 사람들이었고, 결국 기쁨으로 단을 거둔 사람들이었다.

탈무드에는 "천국의 문은 기도에는 닫혀 있어도 눈물에는 열려 있다"는 말이 나온다. 그래서일까? 셰익스피어(William Shakespeare)는 "눈물은 성수(聖水)"라고 했다. 다윗은 시편에서 이렇게 고백했다.

> "주의 성도들아 여호와를 찬송하며 그의 거룩함을 기억하며 감사하라 그의 노염은 잠깐이요 그의 은총은 평생이로다 저녁에는 울음이 깃들일지라도 아침에는 기쁨이 오리로다"(시 30:4-5)
> "주께서 나의 슬픔이 변하여 내게 춤이 되게 하시며 나의 베옷을 벗기고 기쁨으로 띠 띠우셨나이다 이는 잠잠하지 아니하고 내 영광으로 주를 찬송하게 하심이니 여호와 나의 하나님이여 내가 주께 영원히 감사하리이다"(시 30:11-12)

웃음은커녕 너무 괴롭고 화나는 시대, 고난과 눈물의 시대지만 예수 믿는 우리는 눈물로 씨를 뿌리는 소망의 사람이 되어야 한다. 네게브 사막에 강물이 흐르는 기적을 주고, 기쁨의 단을 거두게 하신 하나님이 우리를 위해 큰일을 행하실 것이다. 그렇다면 우리는 반드시 인생의 굴곡을 지나 '기쁨으로 곡식단을 가지고 돌아오리라'라는 확신을 품고 살아야 한다.

여호와께서 시온의 포로를 돌려 보내실 때에
우리는 꿈꾸는 것 같았도다
그 때에 우리 입에는 웃음이 가득하고
우리 혀에는 찬양이 찼었도다
그 때에 뭇 나라 가운데에서 말하기를
여호와께서 그들을 위하여 큰 일을 행하셨다 하였도다
여호와께서 우리를 위하여 큰 일을 행하셨으니
우리는 기쁘도다 여호와여 우리의 포로를
남방 시내들 같이 돌려 보내소서
눈물을 흘리며 씨를 뿌리는 자는 기쁨으로 거두리로다
울며 씨를 뿌리러 나가는 자는 반드시
기쁨으로 그 곡식 단을 가지고 돌아오리로다

– 시편 126편 –

복된 공동체를 위한 노래

시편 127편 강해

하나님이 지어 올리지 않으면
집 짓는 자들이야 기껏 판잣집이나 지을 뿐
하나님이 성을 지켜주시지 않으면
파수꾼이야 밤에 있으나 없으나 매한가지
아침 일찍 일어나 밤늦게 잠자리에 들며
노심초사 뼈 빠지게 일해 봐야 모두 헛수고
알아두어라
그분께서는 사랑하는 이들에게 쉼을 주시길 좋아하는 분이시다

알아두어라
자녀는 하나님이 주시는 최상의 선물
태의 열매는 그분이 후히 내리는 유산이다
젊고 건강한 시절에 낳은 자녀는
전사의 손에 들린 화살과 같다
오, 화살통에 자녀들이 가득한 부모는 얼마나 복된지!
원수들은 너희 상대가 되지 못하고
너희에게 초전 박살나리라

(시편 127:1-5 Message 성경)

절기 때 성전을 향해 올라가며 선민 이스라엘 백성들이 부르던 순례자의 노래(시편 120편-134편)는 슬플 때나 기쁠 때, 번영할 때나 압제 받을 때도 공동체의 정체성(identity)을 지키며 성전 중심의 신앙으로 살고, 종말론적 승리와 번영을 확신하며 드린 그들의 기도였다.

그중 시편 127편은 '솔로몬의 시'라는 표제가 붙어 있다. 히브리어 원문에는 '솔로몬에게' 또는 '솔로몬의'라는 뜻의 리셸로모(לִשְׁלֹמֹה)로 되어 있어, 다윗이 솔로몬을 위해 쓴 시로 보는 견해도 있다. 솔로몬은 다윗의 뒤를 이어 이스라엘 왕국의 기반을 다지고, 지혜 문학의 전통을 세운 왕이다. 하나님께 지혜를 구했던 왕, 잠언서를 남긴 왕, 그래서 '솔로몬의 지혜'는 곧 '사람이 할 수 있는 가장 현명한 생각'이라는 뜻으로 통한다.

독일의 구약학자 헤르만 궁켈(H. Gunkel)은 이 시를 '지혜시'로 분류했다. 여호와께서 지혜로운 자를 돌보시고, 어리석은 자를 부끄럽게 하신다는 지혜 전통과 의인과 악인을 주제로 노래하는 시편의 신학이 맞닿아 있기 때문이다.

이 시는 1~2절과 3~5절이 마치 다른 이야기처럼 보인다. 앞부분은 건축과 성읍 지키기, 농사와 노동에 초점을 맞추고, 뒷부분은 자녀와 가정의 복에 초점을 맞춘다. 그러나 처음부터 끝까지 여호와 중심, 성전 중심의 공동체를 노래하고 있기에, 이 시편에 '복된 공동체를 위한 노래'라는 제목을 붙여 본다.

"헛되다"

시인은 먼저 "여호와께서 집을 세우지 아니하시면 세우는 자의 수고가 헛되며 여호와께서 성을 지키지 아니하시면 파수꾼의 깨어 있음이 헛되도다 너희의 일찍이 일어나고 늦게 누우며 수고의 떡을 먹음이 헛되도다"(1-2절)라고 노래한다. 일상의 삶을 상징하는 집짓기와 초병의 경계와 농사일, 세 가지 비유로 노래를 시작한 것이다. 여기서 집 짓는다는 표현은 가정을 이룬다는 말로 해석하기도 하지만, 일상의 삶을 상징하는 것으로 보는 게 무난하다. 집 짓는 것은 성 세우기의 첫걸음이다. 그리고 성읍이 세워지면 그 성읍을 지켜야 하고, 그 안에서 열심히 농사를 지어야 먹고 산다. 그러니 고대 사회에서 이 세 가지는 가장 중요한 일상이었다.

그런데 시인은 '헛되다'라는 선언을 3번이나 반복한다. '여호

순례자의 노래

와께서 집을 세우지 아니하시면 세우는 자의 수고가 헛되며', 열심히 노력해 곳간 세우고, 저축하고, 집을 잘 세워도 헛될 수 있다는 것이다. 갑자기 재난이 닥치면 무너질 수 있기에 세우는 자의 수고가 '헛되다'고 했다. 또 '여호와께서 성을 지키지 아니하시면 파수꾼의 깨어 있음이 헛되도다,' 성을 튼튼히 쌓고, 군인 수를 늘리고, 첨단 무기로 무장해도 나라가 망한다면 파수꾼의 깨어 있음이 '헛되다'는 것이다.

시선을 끄는 것은 2절, 원문으로 보면 '헛되다'라는 선언이 먼저 나온다. "헛되다. 너희가 일찍이 일어나고 늦게 누우며 수고의 떡을 먹는 것이" 1주일 내내 밭으로, 직장으로 일찍 나가 늦게까지 일하며, 고생해서 땀과 눈물 젖은 빵을 먹지만 노동의 대가는 미미하고, 그마저도 빠져나가는 것이 순식간이라 대책이 없다. 사는 게 너무 힘들다. 그래서 '헛되다'를 반복한다.

시인은 이 헛된 상황이 여호와께서 함께하시지 않을 때의 일이라고 한다. 하나님이 함께하시지 않는다면 다 '부질없다'는 것, 마치 솔로몬의 잠언을 읽는 것 같다. 이 부분을 가톨릭 성경의 번역으로 보면 내용이 또 새롭게 보인다. "여호와의 복은 부를 가져오지만, 사람의 노고는 보탬이 되지 않는다"(잠 10:22). 헛수고라는 것, 이것이 순례자의 형편이다. 우리는 이런 형편을 감안하며 시를 읽어야 한다. 표제가 '솔로몬의 시'라고 붙기는 했어도, 시편 대부분은 바벨론 포로기에 수집되고, 예배에 사용된 것이다. 그렇다면 순례자는 성전이 무너지고, 예루살렘 성이 무너진 후 오랜 세월 방치된, 황폐해진 시대의 아픔을 뼈저리게 느끼는 사람, 고향 집에서 쫓겨나 타국에서 서럽게 사는 포로가 되어 그저 주변의 눈치를 보며 긴장 가운데 사는 사람이다.

> ♫ 타향살이 몇 해던가 손꼽아 헤어보니
> 고향 떠난 십여 년에 청춘만 늙고
> 부평 같은 내 신세가 혼자도 기막혀서
> 창문 열고 바라보니 하늘은 저쪽 ♫

'부평 같은 내 신세'의 의미는 부평초, 즉 개구리밥이 물 위에 떠서 이리저리 흘러 다니는 것처럼 떠돌이 신세라는 뜻이다. 일제강점기 때 어쩔 수 없이 고국을 떠나 해외로 망명할 수밖에 없었던 우리 동포가 낯선 이국땅에서 타향살이로 고달픈 삶을 살아가면서 두고 온 고향을 그리며 눈물로 불렀던, 애달픈 사연이 오롯이 담긴 고복수 님의 민족 비련가 '타향살이' 느낌이랄까?

하지만 순례자는 실패를 통해서, 인간의 노력으로만 되지 않음을 깨닫고 하나님이 함께하시기를 눈물로 기도한다. 앞부분만 읽으면 마치 '실패자의 애달픈 고백'과 같지만, 시인에게 하나님은 창조주요 통치자, 그 하나님의 손에 모든 복과 저주, 길흉이 달려 있음을 믿고, 꼭 하나님이 함께하시길 기도한다. 우리가 불러야 할 노래다. 우리나라가 "헛되도다. 어찌 이 지경인가?" 탄식할 만한 상황을 너무 자주 맞기 때문이다.

"잠을 주시는도다"

이어서 시인은 "그러므로 여호와께서 그의 사랑하시는 자에게는 잠을 주시는도다"(2절)라고 노래한다. '잠'은 '헛됨', '부질없음'의 반대 개념이다. "여호와께서 사랑하시는 자에게 잠을 주신다"는 것은 대단한 시적 상상력이다. "발 뻗고 잠잔다"는 말이 있지 않나? "때린 놈은 다리를 못 뻗고 자도 맞은 놈은 다리를 뻗고 잔다"라는 속담이 있다. 근심이 없는 평화로운 상태를 표현한 것이다. 잠을 못 잔다는 것은 고민이 많거나 일에 너무 지쳤다는 뜻인데, 여호와께서 잠을 주신다는 건 그 반대의 상태, 신뢰하고 맡길 때 누리는 만족이다. 어차피 잠자는 시간에 할 수 있는 일은 없다. 또 결과는 우리의 몫이 아니다. 최선을 다했는데도 결과가 좋지 않았다면, 그것 또한 하나님의 뜻으로 받아들여야 한다. 그래야 스트레스받지 않고, 마음이 평안해지고, 잠도 잘 올 것이다.

그런데 문제는 우리가 믿고 맡기는 훈련이 잘되어 있지 않다는 것이다. 항상 자신이 책임지려고 하는데 그것은 책임감이 강해서일까? 아니다. 맡기지 못하기 때문이다. 다른 말로는 믿음부족이다. 우주와 인생은 다 하나님 뜻에 달려 있고, 그 뜻은 반드시 성취된다. 도무지 어디로 흘러가는지 모르겠다는 생각이 들어도 받아들여야 한다. 왜 미련이 많은 줄 아는가? 욕심 때문이다. 믿고 맡기지 못하면 인생 순례길에서 절대 편할 수 없다. "여호와께서 그의 사랑하시는 자에게는 잠을 주시는도다." 잘 자기를 축복한다.

"복되도다"

마지막으로 시인은 "자식들은 여호와의 기업이요 태의 열매는 그의 상급이로다 젊은 자의 자식은 장사의 수중의 화살 같으니 이것이 그의 화살통에 가득한 자는 복되도다 그들이 성문에서 그들의 원수와 담판할 때에 수치를 당하지 아니하리로다"(3-5절)라고 노래한다.

그리스 민담에 이런 이야기가 있다. 동물학교 소풍 가는 날, 엄마 토끼는 도시락을 빠뜨리고 간 자기 아이를 위해 도시락을 들고 부리나케 학교로 가는데, 거의 학교에 도착했을 즈음에 누군가 뒤에서 불러 돌아보니 다람쥐였다. 다람쥐네 아이도 도시락을 갖고 가지 않았다며 자기는 바쁜 일이 있으니 자기 아이 것도 좀 전해달라고 부탁한다. "그러죠, 그런데 댁의 아이를 어떻게 찾죠?" 물으니 "그건 어렵지 않아요. 학교에서 가장 잘생긴 아이를 찾으면 돼요." 그래서 토끼가 학교에 도착해 열심히 찾았지만 도무지 찾을 수 없었다. 어쩔 수 없이 집에 돌아오는 길에 다람쥐네 집에 들러서 도시락을 돌려주며 말한다. "미안해요. 눈을 씻고 봐도 찾을 수 없었어요. 왜냐하면 제 아이보다 잘생긴 아이가 학교에 없었거든요."

토끼나 다람쥐처럼 부모에게 자녀는 세상에서 제일 예쁜 아이다. 물론 '그건 아닌데' 하는 부모도 있겠지만 제일 예쁘기를 기대하는 마음만은 다 같지 않을까?

성경은 자녀를 하나님의 선물이며, 기업이고, 상급이라 한다. 여기서 '기업'은 히브리어로 '나할라'(נַחֲלָה)인데, 원래 하나님이 이스라엘 백성에게 주신 땅을 가리키는 데 쓰인 단어(출 15:17, 신 6:21)다. 하나님은 이스라엘 백성에게 땅을 기업으로 주셨다. 그 땅이 삶의 기초였다. 갈대아 우르를 떠나 가나안으로 간 아브라함은 처음에는 땅 한 평도 없었지만, 하나님은 약속대로 아브라함에게 가나안 땅을 기업으로 주셨다. 여호수아의 인도로 가나안에 들어간 이스라엘 백성들도 제비뽑기로 땅을 나누었다. 땅은 하나님이 주신 기업이었다.

땅만 아니라 자녀도 하나님이 주신 기업이고 상급이다. 아브라함에게 이삭이 그랬다. 이삭은 하나님께서 아브라함에게 약속하신 언약의 아들, 이삭은 언약을 이루는 축복의 통로였다. 만일

이삭이 없었다면 아브라함의 축복은 실현될 수 없었을 것이다. 야곱의 열두 아들도 마찬가지다. 그 열두 아들로 인해 이스라엘이 번창했다. 번창한 야곱의 식구 칠십 명이 애굽으로 이주해서, 400년이 지난 후 모세 때 큰 민족을 이루었다. 자식은 하나님이 주신 기업이고 상급이자, 선물이며 축복이다.

성경에 보면 유난히 부모의 얼굴을 빛낸 자녀들이 있다. 다윗이 대표적인 인물이다. 이새는 몰라도 이새의 말째 아들, 다윗을 모르는 사람은 없을 것이다. 이스라엘 최고의 인물인 다윗은 이새의 얼굴을 빛낸 축복의 자녀다. 또 다윗의 절친 요나단도 그런 자녀였다. 아버지 사울 왕은 불순종으로 버림받지만, 요나단은 다윗과의 우정으로 빛나는 축복의 자녀가 된다. 어떻게 사울 왕에게서 이런 아들이 태어났을까 싶을 정도다. 요셉도 마찬가지다. 형들에게 미움받아 애굽에 노예로 팔려 가면서 아버지 야곱은 요셉이 죽은 줄로 알았지만, 어느 날 요셉이 애굽의 총리가 되었다는 소식을 듣는다. 극적 즐거움을 안겨 준 축복의 아들, 7년 대기근을 맞은 야곱에게 요셉은 구세주였다. 이스라엘 백성들을 애굽에 정착시키는 데 큰 역할을 담당한 대인이었고, 가문을 일으키고, 하나님의 나라를 건설하는 데 결정적인 역할을 했다.

반대로 가문에 먹칠하고, 하나님의 심판을 초래한 자녀들도 있다. 엘리 제사장의 아들 홉니와 비느하스가 그랬다. 패역한 아들들이어서 하나님께 드리는 제물을 마음대로 빼앗고, 성전에서 수종 드는 여인들과 동침했다. 블레셋과의 전쟁 때는 언약궤를 가지고 나갔다가 둘 다 죽고, 민족의 자랑이었던 언약궤를 블레셋 사람들에게 탈취당하면서 하나님의 영광을 가렸다. 이 소식을 들은 아버지 엘리마저 의자에서 굴러떨어져 목뼈가 부러져 죽는다. 다윗의 아들 압살롬도 그랬다. 잘 생기고 능력도 있었지만, 아버지의 기대를 저버렸다. 누이동생 다말을 근친상간한 이복형 암논을 살해한다. 그리고 아버지 다윗의 어정쩡한 용서와 화해로 괴롭게 지내다가 쿠데타로 아버지의 왕위를 찬탈한다. '아버지 살해할 놈'(?)으로 기억될 압살롬, 그는 아버지를 반역한 최악의 아들이었다.

먼 길을 떠났기 때문일까? 순례자는 자녀 생각이 더 난다. 그래서 자녀가 하나님이 주신 선물이자 상급임을 기억하며, 부모 얼굴을 빛나게 하고 하나님께 영광을 돌리는 복된 자녀가 되기를 기도한다.

그리고 "젊은 자의 자식은 장사의 수중의 화살 같으니"(4절)라고 노래하며, 자녀를 아름다운 꽃이라고 하지 않고 전쟁 무기인 화살에 비유한다. 의도적인 표현이다. 화살은 적을 물리치기 위해 전쟁터에서 사용하는 무기, 칼이나 창과 달리 장거리 무기다. 멀리서 적을 공격하는, 오늘날로 말하면 미사일과 같다. 파괴력이 강한 무서운 무기, 장거리 미사일에 핵무기까지 탑재한다면 상대가 누구든 떨게 하는 공포의 무기가 될 것이다.

순례자가 왜 이런 비유를 했을까? 사는 곳이 치열한 영적 전쟁터였기 때문이다. 자녀가 적을 이기는 강력한 무기, 순례자는 지금 자녀가 화살과 같다며 멀리 내다보고 있다. 죽고 사는 문제가 자녀에게 달려 있다는 생각에서 나온 비유다. 자녀와 다음 세대가 선한 싸움을 계속 감당해야 한다는 것이다. 축복으로 얻은 땅을 저들이 지키지 않으면 대적들에게 빼앗길 수밖에 없다는 생각에 자녀들이 그 역할을 잘 감당하기를 기도하는 것이다.

1885년 4월 5일 아펜젤러(Henry Gerhard Appenzeller)와 함께 최초로 제물포항으로 들어와 한국에 복음을 전하고 연희전문학교를 설립하는 등, 종교, 문화, 언어, 정치, 사회에 공헌한 언더우드(Horace Grant Underwood) 선교사를 기억하는가? 그도 훌륭하지만, 자녀들도 대단하다. 그들은 아버지의 대를 이어 한국에서 계속 선교했다. 6대까지도 변함없이 한국 사람보다 더 한국을 사랑한 언더우드 가족들, 선교 100년이 지나면서 한국에서는 더 이상 역할을 할 것이 없다고 판단하고 명예롭게 한국에서 철수했다. 너무 아름답지 않은가? 부모가 하던 일을 이어받는 자녀, 선한 일을 완성해 주는 자녀, 그게 가장 큰 삶의 보람이 아닐까?

시인은 5절 첫 부분에서 "이것이 화살통에 가득한 자는 복되도다"라고 표현한다. 다다익선(多多益善), 많을수록 좋다고 한다. 그리고 이어서 "그들이 성문에서 그들의 원수와 담판할 때에 수치를 당하지 아니하리로다." 성문은 출입문이면서 상업과 문화의 중심지이자 법적 판단의 자리였다. 이런 곳에서 어려움을 당할 때 자녀가 부모에게 힘이 된다. 자녀는 우리의 명예를 빛나게 해줄 힘이다. 공의가 강 같이 정의가 하수와 같이 흐르는 세상이 되려면 의인의 자녀들, 믿음의 자녀들이 번창해야 한다. 지금은 자녀들이 교회를 떠나고 있는 때, 솔로몬의 지혜가 절실한 때다. 이 노래를 보며 순례자들의 기도처럼 하나님이 함께하시는 공동체, 자녀들이 번창한 신앙의 명품 가정과 나라가 되기를 기도해야 할 것이다.

복된 가정을 위한 노래

시편 128편 강해

하나님을 경외하는 모든 이여, 얼마나 복된가!
쭉 뻗은 그분의 대로를 걸으며 얼마나 행복한가!
수고를 다했으니 모든 것은 당연히 네 몫이다
복을 한껏 누려라! 행복을 마음껏 즐겨라!

포도나무가 포도 열매를 맺듯
네 아내가 자녀를 낳을 것이요
네 가정은 우거진 포도밭 같을 것이다
식탁에 둘러앉은 네 자녀들은
올리브나무 가지 새싹처럼 푸르고 싱싱하리라

두렵고 떨리는 마음으로 선하신 하나님 앞에 서라
오, 복되도다. 하나님을 경외하는 이여!

예루살렘에서 행복을 누려라
평생토록,
손자손녀를 보며 행복을 누려라
이스라엘에게 평화가 있기를!

(시편 128:1-6 Message 성경)

가정은 창조주 하나님께서 세우신 최초의 공동체였다. 교회와 함께 하나님이 직접 세우신 가정을 20세기 최고의 부흥사였던 빌리 그레이엄(Billy Graham)은 '작은 교회'라고 했다. 나라가 망하고 성전이 무너지고 디아스포라 상태일 때도 여호와 신앙으로 모든 어려움을 극복한 중심이 가정이었고, 안식일 준수나 유월절 등 절기 만찬이나 예전이 이루어진 곳도 대부분 가정이었다.

그러니 가정은 회당보다도 더 중요했다. 그 중심은 부모였고, 아버지가 가정의 제사장이 되어 신앙을 계승하고, 안수 기도로 자녀들을 축복하고, 아내와 함께 마치 랍비처럼 하나님 말씀을 가르치고 말씀으로 살도록 가족들을 세웠다. 신명기 6장에 나오는 유명한 쉐마 교육을 보면 부모의 역할을 분명히 알 수 있다.

> "이스라엘아 들으라… 오늘 내가 네게 명하는 이 말씀을 너는 마음에 새기고 네 자녀에게 부지런히 가르치며 집에 앉았을 때에든지 길을 갈 때에든지 누워 있을 때에든지 일어날 때에든지 이 말씀을 강론할 것이며"(4-7절)

가정은 유대인들에게 국가보다 더 소중했다. 국가가 무너져도 가정을 통해 끝까지 살아남아 신앙을 유지하기 때문이다. 시편 127편과 128편은 이스라엘 사람들에게 가정의 소중함과 신성함을 일깨워 주는 대표적인 시편이다. 127편이 하나님께서 세워주시는 가정을 위한 노래였다면, 128편은 하나님께서 복 주시는 가정을 위한 노래다. 시인은 하나님께서 복 주시는 가정의 모습을 한 폭의 그림처럼 묘사했다. 구성은 두 문단, 4절은 1절 내용의 반복이며 주제 구절은 1절이다. "여호와를 경외하며 그의 길을 걷는 자마다 복이 있도다." 하나님을 경외하며 믿음으로 사는 가정은 복될 것이라는 말씀이고, 2~3절과 5~6절은 주제에 따른 축복이다. 가족들이 그림 같이 아름답게 가정을 세우는 모습을 노래한 것이다.

마르틴 루터(Martin Luther)가 특별히 더 좋아하며 '결혼의 노래'(Married Song)라고 불렀던 시편 128편에 '복된 가정을 위한 노래'라는 제목을 붙여 본다.

수고한 보람을 누리는 가정

시인은 "네가 네 손으로 수고한 대로 먹을 것이라 네가 복되고 형통하리로다"(2절)라고 노래한다. 가정이 무엇보다 먹고사는 문제를 해결하는 곳이기 때문이다. 배곯은 흥부 아이들이 한 이불에 누워있는 모습을 복된 모습이라 할 수 있을까? 그런데 이스라엘이 꿈꾸던 하나님 나라는 대단한 나라가 아니었다. 그저 자기가 수고한 결과를 누리며 사는 것, 수고한 대로 가족이 함께 먹고 살면 된다는 것이었다.

> "솔로몬이 사는 동안에 유다와 이스라엘이 단에서부터 브엘세바에 이르기까지 각기 포도나무 아래와 무화과나무 아래에서 평안히 살았더라"(왕상 4:25)

이것이 이스라엘이 꿈꾸던 메시아 왕국에 대한 그림이다. 거창하기는커녕 소박하지만 이게 중요하다. 욕심내다 망하면 자기가 수고한 대로 먹지 못하기 때문에 욕심은 금물이다. 이스라엘이 그리던 소박한 삶의 모습은 이사야 65장에도 잘 나타난다.

> "그들이 가옥을 건축하고 그 안에 살겠고 포도나무를 심고 열매를 먹을 것이며 그들이 건축한 데에 타인이 살지 아니할 것이며 그들이 심은 것을 타인이 먹지 아니하리니 이는 내 백성의 수한이 나무의 수한과 같겠고 내가 택한 자가 그 손으로 일한 것을 길이 누릴 것이며"(사 65:21-23)

거대한 부나 성공이 아니라 그저 정당한 노동의 대가만 주어진다면 만족하며 그것으로 행복하다는 것, 이런 것이 가정의 본질이다. 가정의 목표는 안정과 행복이라야 한다. 하지만 현대의 가정은 마치 자본주의 체제의 하도급 공장 같다고나 할까? 가족 모두가 다 온몸에 과부하가 걸릴 정도로 수고하고, 성공을 위해 가정의 행복을 반납하며 열심히 뛰지만, 마치 돈을 뚫어진 전대에 넣으며 사는 것 같다.

> "너희가 많이 뿌릴지라도 수확이 적으며 먹을지라도 배부르지 못하며 마실지라도 흡족하지 못하며 입어도 따뜻하지 못하며 일꾼이 삯을 받아도 그것을 구멍 뚫어진 전대에 넣음이 되느니라"(학 1:6)

불행이고 비극 아닌가? 수고한 보람을 누리며 사는 가정이 되어야 한다.

관계가 아름다운 가정

이어서 시인은 "네 집 안방에 있는 네 아내는 결실한 포도나무 같으며 네 식탁에 둘러앉은 자식들은 어린 감람나무 같으리로다"(3절)라고 노래한다. 마치 가족들이 축복 가운데 거하는 한 폭의 아름다운 그림 같은 모습이다. 가족들이 아름다운 정원에 생명으로 충일한 나무가 되어 어우러져 있는 모습을 연상케 한다.

시인은 가정의 모습을 두 나무에 비유한다. '결실한 포도나무'와 '감람나무,' 하나님이 주시는 풍요를 상징하는 나무들이다. 아내를 이스라엘의 상징인 포도나무에 비유한 것은 건강한 출산 능력을 기도한 것 같다. 볼품없는 포도나무는 꽃이 아름다운 것도 아니고, 줄기도 볼품없고, 가지도 가늘다. 오죽하면 에스겔 15장이 이런 질문으로 시작될까? "인자야 포도나무가 모든 나무보다 나은 것이 무엇이랴 숲속의 여러 나무 가운데 나은 것이 무엇이랴"(2절). 하나님의 말씀인데 제조할 것도 없고, 뭔가를 걸 못으로도 쓸모없고, 그저 땔감에 불과한 나무일 뿐이라는 하나님의 말씀이다.

하지만 포도나무는 열매가 아름답고, 달콤하고, 풍성하다. 열매가 존재의 이유랄까? 열매 때문에 이스라엘 백성들이 포도나무를 보며 즐거워하고, 기뻐하고, 자랑스럽게 생각한다. 시인은 복된 가정의 아내의 모습을 생명으로 충만한 '결실한 포도나무' 같다고 했다.

그런데 포도나무는 사람이 도와주지 않으면 열매는커녕 살아남을 수조차 없다. 넝쿨로 성장하기 때문에 반드시 밑에 받침대와 지지대를 세워 받쳐주어야만 설 수 있다. 그리고 가지치기를 해주지 않으면 열매가 제대로 열리지 않는다. 아내도 마찬가지다. 아내가 생명으로 충만한 결실한 포도나무 같아지려면 중요한 전제가 있다. 남편의 사랑이다. 남편이 받침대가 되고 지지대가 되어야만 결실한 포도나무가 되는 것, 이 말은 부부관계가 좋아야 한다는 말이다.

'여자는 가꾸기 나름'이라는 말이 있다. 화장을 잘하면 예뻐지고 관리를 잘하면 쭉쭉 빵빵, 미시족, 몸짱이 된다는 의미지만 아내는 남편이 얼마나 소중히 여기느냐에 달렸다는 의미로도 볼수 있다. 남편이 아내를 받쳐주고 지지해 주는 매력적인 남편이되면 아내도 예뻐지고 매력적인 여자, 현숙한 아내, 결실한 포도나무가 된다는 것이다. 빛 좋은 개살구가 많다. 꽃만 피고 열매가없는 벚나무도 많다. 들포도가 되면 먹지도 못한다. 아내가 결실한 포도나무 같아지려면 서로 매력을 느껴야 한다. 그래야 사랑이 유지되기에 함께 오래 살았더라도 매력 유지를 위해 계속 노력해야 한다.

그 집안이 행복한지 불행한지는 그 집안의 여자 표정을 보면안다는 말이 있다. 기억하라. 여자가 행복하면 반찬이 달라지고, 집안이 깨끗하고, 자녀들도 행복하고, 온 가족들의 옷차림이 달라진다. 결실이 아름답다는 말이다. 반대로 여자가 불행하면 반찬에 성의가 없고, 설거지도 대충, 청소도 대충, 아이들은 툭하면울고, 집안 분위기는 엉망이 된다. 물론 고대 가부장제 사회의 모습과 지금은 다르다. 어쩌면 "결실한 포도나무와 같은 남자"가 필요한 시대일 수 있다. 하지만 누가 포도나무가 되든 부부관계가 아름다운 가정이 되어야 한다.

이어서 시인은 자녀의 모습을 '어린 감람나무'에 비유했다. "식탁에 둘러앉은 자식들은 어린 감람나무 같으리로다"(3절). 감람나무는 하나님의 축복과 평화를 상징하는 나무인데 '어린 감람나무'라는 것은 신선함과 활력, 건강하고 유쾌한 삶을 강조한 것이다. 늘 잎이 푸른 상록과, 계절과 환경에 상관없이 언제나 같은 색이고 잎이 마르거나 떨어지지 않는다. 옥토보다는 거친 땅, 척박한 땅에서 잘 자라는 나무, 끈질긴 생명력과 긴 수명이 특징이다. 베어져도 그루터기에서 새싹이 또 나올 만큼 인내력과 번식력도 강하다. 감람산 기슭의 겟세마네 동산에 가면 무려 2천 년이 넘은 감람나무가 있다. 여덟 그루라고 하는데 정확한지는 모르겠다. 예수께서 자주 가신 감람산, 예수님 당시에도 있었던 나무라면, 예수님이 울며 기도하시던 모습도 지켜봤을 것이다.

이 나무는 기름이 유명하다. 이 나무의 열매에서 나는 올리브유는 치료제로, 의식용 기름으로, 아름다운 향신료로, 또 건강한 음식으로 요긴하게 사용된다. 그래서 올리브나무라고도 한다. 하지만 심고 나서 열매가 열리기까지 7년을 기다려야 하고, 제대로 된 열매는 무려 15년을 기다려야 한다. 그러나 15년이 지나고 뿌리를 튼튼히 내리면 100년, 200년, 수백 년이 지나도 열매를 따는 풍성함을 계속해서 누릴 수 있다.

시인은 자녀들이 어린 감람나무 같다고 했다. 당장 열매를 맺지는 못하지만 앞으로 20~30m 되는 큰 나무로 자라듯 크게 자랄 자녀들이다. 이 열매 맺을 자녀들이 가정의 희망이다. 좋은 환경을 만들고 충분한 양분을 공급해서 풍성한 생명을 가진, 위대한 가능성을 가진 감람나무가 되게 해야 한다. 그런 좋은 환경을 만드는 것 또한 좋은 부부관계에서 오는 것이다.

그리고 시인은 특별히 함께 식사하는 것을 언급했다. "네 식탁에 둘러앉은 자식들은 어린 감람나무 같으리로다"(3절). 미국 미네소타 대학 연구팀은 가족들이 함께 식사하면 따로따로 식사하는 것보다 균형 잡힌 식사를 하게 된다고 했다. 함께하면 다양한 음식을 충분히 섭취하지만, 따로 식사하면 인스턴트 식품 등 불충분하게 먹는 경우가 많다는 것이다. 또 함께하면 현대인에게 부족하기 쉬운 과일과 채소류 등의 섭취가 늘어나고, 유제품과 현미 등 영양가가 높은 곡물 섭취가 늘어나지만, 청량음료나 기름진 음식을 먹는 비율은 크게 줄어든다며 최고의 웰빙 식사는 '온 가족이 함께 먹는 것'이라고 했다.

또 이 연구팀은 소아·청소년 의학지에 가족과 함께하는 식사의 장점을 실었는데, 주 7회 이상 가족과 함께 식사하는 청소년은 주 2회 이하로 가족과 함께 식사하는 청소년에 비해 성적이 좋고, 우울증, 음주, 흡연하는 비율도 훨씬 낮다고 발표했다. 시간이 가면 갈수록 가족과 함께 식사하기가 어려운 시대지만 함께 식사하는 시간을 1주에 몇 번이라도 정하면 좋겠다. 먹던 것 다시 데워 먹더라도 함께 먹는 게 좋다는 것, 이 말의 핵심은 '관계'일 것이다. 기억하라. 행복은 '조건'이 아니라 '관계'에 의해 좌우된다. 가시나무가 되지 않게 함께 먹고 마시는, 관계가 좋은 가정이 되어야 한다.

복을 계승하는 가정

시인은 "여호와께서 시온에서 네게 복을 주실지어다 너는 평생에 예루살렘의 번영을 보며 네 자식의 자식을 볼지어다 이스라엘에게 평강이 있을지로다"(5-6절)라고 하며 복을 계승하는 가정이 되길 노래한다. 가정은 하나님의 은혜가 흐르는 은혜의 통로이자 축복의 통로, 그래서 부모 대(代)에 누린 평강이 다음 대로 이어지기를 노래하고, 당대에 끝나면 안 되는 축복, 내가 좀 고생하더라도 내 자녀가 잘되는 것, 내가 받은 축복이 자손 대대로 내려가기를 기도한 것이다.

프린스턴 대학의 총장이었던 조나단 에드워드(Jonathan Edwards)는 미국의 청교도 역사 가운데 가장 위대한 영향력을 끼쳤던 인물이다. 에드워드 부부는 철저하게 기독교 원리로 자녀를 양육했다. 그가 죽은 지 약 150년 후에 그의 후손들을 조사한 결과 후손 873명 가운데 대학 총장이 12명, 교수 65명, 의사 60명, 성직자 100명, 군 장성 75명, 저술가 85명, 변호사 100명, 판사 30명, 공무원 80명, 국회의원 5명, 부통령 1명, 그리고 260명의 평범한 신앙인들이 살고 있었다.

반면에 맥스 쥬크(Max Juke)라는 사람을 조사했는데, 이 사람은 조나단 에드워드와 같은 교회학교에 출석하다가 중간에 교회를 떠나 방탕한 길을 걷고, 믿지 않는 여자와 결혼하여 사람들의 입에 오르내리는 가정을 꾸린 사람이었다. 그런데 그의 후손 1,292명의 조사 결과가 충격적이었다. 유아 사망 309명, 거지 310명, 장애인 440명, 매춘부 50명, 도둑 60명, 살인자 70명, 그저 그렇고 그런 사람이 53명, 너무 대조적이지 않은가?

대를 잇는 축복, 천대까지 축복받은 복이 후손들에게 이어져야 한다. 6절의 "자식의 자식을 볼지어다"는 장수의 복이고, 대를 잇는 복이다. 시편 92편에 보면 "의인은 종려나무 같이 번성하며 레바논의 백향목 같이 성장하리로다"(12절)라고 노래하며 가문의 영광을 백향목에 비유했다. 크기가 40m 정도에 이를 정도로 크고 곧은 백향목은 '신의 삼나무'라고 불리며 성전 기둥에 사용되는 멋진 나무다. 하지만 쓸모가 많아서 적당히 크면 곧 베이고 만다.

그래서 감람나무 같은 축복이 좋다. 열매 때문에 중간에 베지 않는 나무, 비바람에도 잘 쓰러지지 않고, 수령도 오래가는 유익한 나무이기 때문이다. 탁월하지 않더라도 건강하고 밝은 자녀, 그들로 인해 가정이 감람나무와 같이 번성하고 행복한 가문이 되어야 한다.

나라가 시끄럽다. 우리가 기억할 것은 맹수들은 동족 간에는 절대 치명적인 공격을 하지 않는다는 것이다. 방울뱀은 무서운 독이 나오는 송곳니를 갖고 있지만 자기들끼리 싸울 때는 이 무기를 절대 사용하지 않고, 사자들도 자신들의 영토 내에서 주도권 쟁탈전을 벌일 때 치열하게 싸우지만 상대를 죽이거나 중상을 입히지는 않는다는 것, 이것이 동물 세계의 싸움 법칙이다. 그런데 인간은 동족 간에도 살상 무기를 사용하고, 상대를 잔인하게 공격해 굴복시킨다. 그럼에도 불구하고 인간에게는 위대한 것이 있다. 사랑이다. 사랑이 최고의 무기이자 인간관계의 성패를 결정하는 열쇠다.

가정은 세상 근심이 사라지고 평화와 위로가 가득한 곳이어야 하며, 실수와 허물은 가려지고 사랑과 만족이 꽃피는 곳이어야 한다. 아빠에게는 천국, 엄마에게는 온 세상, 아이들에게는 파라다이스 같은, 그런 가정을 만들어야 한다. 용돈을 많이 준다고 되는 게 아니다. 또 자주 여행을 함께 다닌다고 해서 되는 것도 아니다. 여호와를 경외하며 그 도를 행해야 한다. 그래야 그런 복이 있을 것이다. 시편 128편을 우리의 노래로 삼고, 하나님이 보시기에 아름다운, 한 폭의 그림 같은 멋진 가정을 만들어야 한다.

10

고난의 밤에 부른 노래

시편 129편 강해

"저들은 어렸을 적부터 날 괴롭혀 왔지"
이스라엘의 말이다

"저들은 어렸을 적부터 날 괴롭혀 왔지만
결코 날 쓰러뜨리지는 못했지
저들의 농부들이 내 등을 쟁기질해
긴 고랑을 파 놓았지만
하나님께서 좌시하지 않으셨고
우리 편이 되어 주셨지
하나님께서 저 악한 농부들의 쟁기를
산산조각 내버리셨지

오, 시온을 미워하는 자들이 모두
바닥에 고꾸라져 설설 기게 되기를

얄팍한 땅 위에 돋은 풀처럼
추수 전에 시들어 버리기를

일꾼들이 수확하기 전에
추수하는 이들이 거두어들이기 전에
이웃들이 "엄청난 수확이군, 축하하네!
하나님의 이름으로 축복하네!"
하며 떠들 일 없게

(시편 129:1-8 Message 성경)

한 열악한 성당에 새 주임 신부가 부임했는데, 갑자기 사람들이 몰려들었다. 강론이 뛰어나서도 아니고, 특별한 은사가 있어서도 아니었다. 그런데도 고해성사하겠다고 앞다투어 사람들이 모여든 이유가 놀랍다. 그것은 이 신부의 귀가 잘 들리지 않았기 때문이었다.

　　사람은 누구나 자기의 약점이나 허물, 그리고 죄와 상처가 남들에게 알려지는 것을 꺼린다. 그래서 할 수만 있다면 감추려 한다. 하지만 이스라엘은 감추려 하지 않았다. 오히려 기억하도록 후손들에게 가르치고, 후손들이 잊지 않기를 소망했다. 시편 129편도 시대가 겪는 애환과 고난, 그리고 역사를 잊지 않도록 지어진 시다. 순례자들도 성전에 올라가며 이 노래를 불렀다.

　　시는 탄식으로 시작된다. "그들이 내가 어릴 때부터 여러 번 나를 괴롭혔도다"(1절). 고난으로 인한 상처가 너무 컸던 것일까? 다음 절에서도 "그들이 내가 어릴 때부터 여러 번 나를 괴롭혔으나"(2절)라고 1절과 똑같은 고백을 반복한다. 특이한 점은 3절까지 일인칭 대명사가 다섯 번이나 등장한다는 것이다. "내가" "나를" "내 등을" 등, 마치 한 개인의 상처에 대한 탄식처럼 보인다. 그런데 4절부터 일인칭 대명사는 한 번도 사용되지 않는다. 그리고 5절에서는 "시온을 미워하는 자들"이라는 표현이 나온다. 이는 개인이 아닌 '시온', 즉 민족공동체가 당한 고난이라는 뜻이다. 만약 이것이 민족 차원에서 당하는 고난이라면 1절의 "내가 어릴 때부터"라는 표현은 출애굽 당시의 고난이나 노예 생활, 왕국 건설 이전의 혼란 상황에서 겪었던 고난을 의미할 것이다. 그리고 1절에서 노래한 내용을 2절에서 다시 반복했다면, 그 고난은 뼈에 사무친 고통이었을 것이다.

새 정부가 출범했지만, 국민 통합은 요원하다. 나라를 덮친 어둠이 점점 더 짙어져 가는 것만 같다. 정치적 불안과 경제적 불안, 그리고 안보 불안이 겹치며 날로 더 벼랑 끝으로 치닫는 느낌이다. 주변국들과의 복잡한 관계에 물가는 계속 오르고, 주택시장은 정책적인 혼란과 거래 침체로 얼어붙었다. 특검 문제로 시끄러운 것도 그렇고, 북한의 도발이 계속되는 가운데 우리만 9·19 군사 합의를 선제 복원한 것도 불안을 가중시킨다.

여기에 인류 역사상 겪어보지 못한 탈종교 현상이 겹치고, 교회 비난을 사명으로 아는 '엔티 크리스천'들이 날로 증가하고 있다. 가나안 교인들은 예수를 믿는다면서 유대인이 유대인을 핍박하듯 교회를 비난한다. TV나 넷플릭스, SNS 등 온라인 공간에는 반기독교적 정서가 난무한다. TV에 동성애, 마약, 무당, 폭력

순례자의 노래

과 성적 자극이 넘친다. 한마디로 지금은 눈에 보이지 않는 환난의 시대, 교회는 벼랑 끝에 서 있다. 아니 교회는 심각한 박해의 한복판에 놓여 있다.

그러나 벼랑 끝에도 계시고, 환난 중에도 함께하는 분이 계신다. 개역개정판에 '함께'라는 단어가 1,359회나 등장한다. 하나님이 함께하신다는 사실, 그렇다면 개인적 고난이든 민족적 고난이든 두려워할 이유가 없다. 신앙은 고난을 희망으로 바꾸는 힘이다. 인생 최고의 자산인 신앙으로 고난을 축복으로 바꿔야 한다.

유진 피터슨(Eugene H. Peterson)은 시편 129편을 '인내의 시편'이라 부르며, 고난 속에서의 인내와 하나님의 구원을 강조했다. '한길 가는 순례자'답게 고난과 역경이 찾아올 때 낙심하지 말고 하나님을 신뢰하며 끈기가 있게 나아가야 한다는 것이다. 이 시편 129편에 "고난의 밤에 부른 노래"라는 제목을 붙여 본다.

평생 고난

"그들이 내가 어릴 때부터 여러 번 나를 괴롭혔도다 그들이 내가 어릴 때부터 여러 번 나를 괴롭혔으나"(1~2절), 시인에게는 어린 시절부터 누적된 트라우마가 있었다. 상처가 반복적인 기억, 환각, 극도의 불안과 긴장, 불면, 일상생활 기피 등으로 나타났던 모양이다. 그런데 그것이 어린 시절부터 겪은 고난에서 비롯된 것이라면, 그것도 여러 번 누적된 상처라면 평생 그 아픔을 끌어안고 살아야 했을 것이다. 시인은 그 치명적인 고통을 두 번이나 토로하며 괴로움을 드러낸다.

상처를 입었을 때 나타나는 반응은 크게 두 가지다. 첫째는 자기 비하, 자신을 쓸모없는 존재로 여기며 한숨과 탄식 속에 인생을 원망하는 것이다. 그렇다. 모든 행동에는 수치와 상처를 덮으려는 몸부림이 있다. 어떤 권사는 트로트를 듣다가 상처를 받았다고 한다. 심수봉 님의 '백만 송이 장미'를 듣다가 누구는 백만 송이 꽃을 피우는 사랑을 하는데, 자신은 반백 번 생일이 지나가도, 수십 번 결혼기념일이 되어도 장미 한 송이 받지 못했다는 생각에 상처받았다는 것이다. 하지만 자기를 비하하지 말라. 세상에 그런 여자 많다.

사람들은 외부로부터 뿐만 아니라 축복의 통로인 부모에게서도, 자식에게서도, 심지어 손주에게서도 상처받는다. 직장에서받는 상처는 얼마나 깊은지, 월요일 출근길이 지옥처럼 느껴질정도다. 어떤 집사는 남편 옷을 세탁하려고 안주머니를 뒤지다가 사직서를 발견하고 눈물이 핑 돌았다고 한다. 상처는 신앙인들에게도 예외가 없다.

세계적인 영적 지도자이신 김장환 목사님께서는 설교 중에 "아내와 한국에 온 후 성격 차이로 여러 번 다투었다"고 고백하셨다. 다툼의 이유는 지극히 사소한 것, 치약 때문이었다. "나는 치약을 밑에서부터 짜는데, 아내는 위나 중간이나 잡히는 대로 눌러 짜기에 여러 번 밑에서부터 짜라고 말했지만, 소용이 없었다"고 하셨다. 한 번은 치약 두 개를 사서 하나에는 '김장환', 다른 하나에는 '트루디'라고 이름을 붙이고, 당신의 치약에 "만지면 죽는다"라고 써 붙이셨단다. 그런데 교회 부흥회 때 강사를 사택에 모셨는데, 실수로 치약을 가져오지 않은 부흥강사가 1주일 동안 치약 없이 지내셨다고 한다. 바로 그 경고 문구 때문이었단다. 목사님께서는 결국 아내가 치약을 어떻게 짜든 말하지 않기로 결심했다고 하셨다. 아무리 말씀하셔도 사모님의 생각이 바뀌지 않았기 때문이다.

기억하라. 남편의 구박에 바뀐 아내 없고, 아내의 잔소리에 바뀐 남편도 없다. 또 자식의 불평에 바뀐 부모 없고, 부모의 꾸지람에 바뀐 자식도 없다. 맞다. 고칠 수 있는 것이 있고, 고칠 수 없는 것이 있다. 그리고 또 기억할 것은 내가 바뀌면 세상이 바뀐다는 것이다. 자기 비하도 하지 말고, 남을 원망 하지도 말고 자신을 바꾸어야 한다.

상처를 입었을 때 나타나는 두 번째 반응은 복수심이다. 넷플릭스 드라마 중 '더 글로리'라는 드라마가 있었다. 주인공은 연진 역의 송혜교 씨, 청소년기에 당했던 왕따와 폭력으로 영혼까지 부서진 한 여인의 인생을 건 치밀하고 처절한 복수 이야기다. 성인이 된 주인공이 "나의 지옥에 온 걸 환영해" 하며 치밀하게 복수하는 모습은 섬뜩하다. 129편 시인에게도 이런 마음이 있어서 2절에서, "나를 이기지 못하였도다"라고 말하지만, 이는 복수를 위해 시련과 고통을 극복했다는 것보다 하나님이 이기게 해주셨다고, 하나님이 복수해 주셨다고 노래한 것이다.

증오심이 우리를 지배하게 하면 안 된다. 가끔 다른 사람도 아니고 그러면 안 될 사람으로부터 상처받았다고 말하며 훌쩍거리는 사람들이 있다. 그런데 세상에 그러면 안 될 사람이 어디 있는가? 상처는 대부분 내가 믿고 의지했던 사람, 나보다 먼저 믿은 사람, 가까운 가족이나 친척으로부터 받는다. 생각해 보라. 잘 모르는 사람에게서 깊은 상처 받을 일은 거의 없지 않은가?

상처가 별이 된다(Scar into Star)는 말이 있다. 룻기에 보면 흉년으로 인해 모압으로 이주한 나오미가 그 모압 땅에서 남편이 죽고 두 아들마저 다 죽는 지옥을 경험한다. 그러나 철저한 회개와 자기성찰을 통해 베들레헴(떡집)으로 돌아오면서 '마라(쓴 뿌리)'가 '나오미(기쁨)'로 바뀌고, 상처(Scar)가 별(Star)이 된다.

요셉도 마찬가지다. 어릴 때부터 아버지의 사랑을 독차지하면서 형들에게 미움을 받았다. 형들 처지에서는 요셉이 혼자 채색옷 입은 꼴도 보기 싫었는데 고자질까지 한다. 그리고 어느 날 "형님들, 형님들의 곡식단이 내 곡식단에 다 절을 하던데"라며 염장을 지른다. 결국 미움이 분노로 바뀐다. 한편 형들이 그렇게까

순례자의 노래

지 미워하는 줄 몰랐던 요셉은 아버지의 심부름으로 도단까지 갔다가 형들에 의해 옷이 벗겨진 채로 웅덩이에 던져진다. 그러다 마침 지나가는 상인에게 형들이 자신을 팔아서 졸지에 노예로 전락한다. 그때 살려달라고 애원했지만, 형들은 동생의 애원을 들은 척도 하지 않았다.

형들은 요셉이 원인제공을 했다며 우리가 피해자라고 항변할 수 있다. 하지만 상처가 더 큰 쪽은 요셉이다. 애굽까지 가서 노예가 되고, 감옥에 갇히기까지 한다. 그런데 하나님이 요셉을 높이신다. 애굽의 총리가 되게 하시고, 별이 되게 하신다. 17세에 노예로 팔려 간 요셉이 13년 만에 총리가 된다. 그 후 7년간 큰 풍년이 오고, 그다음 7년간 애굽뿐만 아니라 인근 나라들까지 다 큰 흉년이 드는데 흉년 2년째가 되었을 때 곡식을 구하러 애굽에 온 형들이 어릴 때 꿈을 꾸었던 대로 자기에게 절을 한다. 22년 만에 꿈꾼 대로 이루어진 것이다. 그런데 보통 사람 같으면 "못된 형들, 나를 노예로 팔았지?" 그러면서 22년 동안 온갖 고생 다 하면서 생긴 상처를 거론하며 하나하나 다 갚겠다고 할 만한 상황이었지만 요셉은 성경 그 어디에도 복수한 기록이 없다. 밉지 않아서 그랬을까? 아니다. 요셉은 하나님이 함께하는 사람이었기에, 미워하고 복수하는 것까지 모든 것을 다 하나님께 맡겼다.

우리도 그래야 한다. 평생이 고난이더라도, 상처가 깊고 아프더라도, 마지막 심판의 날을 기대하며 참고 살아야 한다. 고난 당한 것이 오히려 유익이 될 것이기 때문이다(시 119:71).

하나님은 우리 편

시인은 상처 때문에 너무 힘든 고난의 밤이었지만 "여호와께서는 의로우시다"(4절)라고 노래한다.

> ♬ 곤한 내 영혼 편히 쉴 곳과 풍랑 일어도 안전한 포구 폭풍까지도 다스리시는 주의 영원한 팔 의지해 주의 영원하신 팔 함께 하사 항상 나를 붙드시니 어느 곳에 가든지 요동하지 않음은 주의 팔을 의지함이라♬

마치 곤한 내 영혼이 쉴 곳, 풍랑 일어도 안전한 포구, 폭풍까지도 다스리시는 주님 팔을 의지한다는 찬양을 하는 것 같다. 주목할 것은 그의 시선이 고난이나 상처가 아닌 하나님께 고정되어 있다는 것이다. 괴로움에 지쳐 야윈 사람의 등줄기, 도드라진 척추뼈와 갈비뼈를 바라보며 시상이 떠올랐을까? 아니면 고통의 생생함을 강조하기 위해, 밭 가는 자들이 땅을 파듯 등을 판다고 표현한 것일까? 그는 "밭 가는 자들이 내 등을 갈아 그 고랑을 길게 지은 것 같다"(3절)며 하나님께 탄원한다.

하지만 바로 "여호와는 의로우시다"(4절)라고 찬양한다. 히브리어로 "야훼 차디크"(צדיק יהוה), 그 상처는 채찍에 맞아 생긴 것일까? 아니면 마음의 상처가 그만큼 깊다는 뜻일까? 시인은 누울 때마다 밭고랑처럼 깊게 팬 등짝의 상처가 너무 아팠다. 그럼에도 불구하고 그는 "여호와는 의로우시다"라고 고백한다. 여기서 '의로우시다'는 표현은 도덕적 성품을 뜻하는 것이 아니다. 여호와께서 내 편이 되어 억울함을 풀어 주실 것이라는 믿음의 고백이다. 원수를 무너뜨리고, 운명을 회복시켜 주시기를 갈망하는 것이다.

혹시 가난한가? 상처받은 약자인가? 기억하라. 하나님은 보고 계신다. 알고 계신다. 그리고 가장 적절한 때에 반드시 개입하시고, 다시 회복시켜 주실 것이다. 믿으라. 하나님은 우리 편이시다.

"악인, 넌 이제 끝났어!"

시인은 "악인의 줄을 끊으셨다"(4절)고 노래한다. 이는 잠언 21:12의 말씀, "의로우신 자는 악인의 집을 감찰하시고 악인을 환난에 던지시느니라"를 떠올리게 한다. 잠언서 말씀 가운데서 '감찰하신다'라는 것은 '살피신다'라는 뜻이며, 환난 중에도 삶의 목자가 되신 하나님께서 자기 백성을 인도하고 보호하신다는 약속이다. "악인의 줄을 끊으셨도다"라는 표현은 하나님의 진노와 심판을 단순하면서도 강력하게 드러낸 것이다.

시편은 시편 전체의 서론이자 건물의 정문 같은 1편에서 말씀하신 '복 있는 사람'[히브리어 '아쉬레이(אַשְׁרֵי)는 '의인' 챠디킴(צַדִּיקִים) 과 같은 의미지만 시편이나 지혜 문학에서 사용되는 단어다]과 '악인'(레쇠임, רְשָׁעִים)을 주제로 다룬 성경이며, 시편 1편 6절은 '시편 1편을 이해 하는 열쇠 구절'이다. "무릇 의인들의 길은 여호와께서 인정하시 나 악인들의 길은 망하리로다." '악인'이라는 단어는 시편에만 84 회나 나온다. 이는 하나님의 백성들이 악인에게 얼마나 시달렸 는지를 보여주는 것이며, 그런 가운데 시인은 "하나님이 악인의 줄을 끊으셨다"고 선언한다.

이 선언이 너무 약하고 평범하다는 평가도 있다. 5절의 "무릇 시온을 미워하는 자들은 수치를 당하여 물러갈지어다"라는 표현 과 6절의 "그들은 지붕의 풀과 같을지어다 그것은 자라기 전에 마를 것"이라는 표현, 그리고 8절의 "지나가는 자들도 여호와의 복이 너희에게 있을지어다 하거나 우리가 여호와의 이름으로 너 희에게 축복한다 하지 아니하느니라"라는 표현이 너무 평범하고 온건하다는 것이다. 하지만 개인적으로 "악인의 줄을 끊으셨다" 라는 것으로부터 그들이 사람들 사이에서 "누구에게도 축복의 인사를 받지 못하는 처량한 신세가 될 것"이라는 표현까지 129편 시인의 악인에 대한 표현이 충분히 통쾌하다고 생각한다.

물론 시편 3편의 "나의 모든 원수의 뺨을 치시며 악인의 이를 꺾으소서"(7절)나 140편의 "뜨거운 숯불이 그들 위에 떨어지게 하시며 불 가운데와 깊은 웅덩이에 그들로 하여금 빠져 다시 일어나지 못하게 하소서"(10절), 35편의 "멸망이 순식간에 그에게 닥치게 하소서"(8절)와 같은 격렬한 표현이 더 속 시원하게 느껴질 수도 있다. 하지만 여기서 중요한 것은 내 속 시원한 것보다 또 다른 상처를 남기지 않는 것이 더 중요하다. 그래서 129편의 표현 정도면 충분하다고 생각하는 것이다.

그리고 어릴 때부터의 고난? 그건 이미 적응되었고, 지금까지 잘 이겨냈다. 또 오히려 그 고난이 자신을 성숙하게 했다. 그래서 절대 고난 타령만 하면 안 된다. 더욱이 상처 타령이 습관이 되면 안 된다. 힘들더라도 멈추고 원수를 용서하는 단계까지 올라서야 한다. 기억하라. 용서는 강자가 하는 것이다. 129편 시인의 악인 저주는 그저 잔불 정리 수준이다. 그리고 악인이 반드시 대가를 치른다면 고난의 밤이 아무리 깊더라도 희망의 아침을 기대해도 된다. 찬송하며 승리하기를 축복한다.

11

절망의 수렁에서 부른 노래

시편 130편 강해

하나님, 도와주소서
이 몸, 바닥 모를 수렁에 빠져들고 있습니다!
주님, 도움을 구하며 부르짖으니 들어주소서!
귀를 기울이소서! 귀를 열어 들어주소서!
자비를 구하며 부르짖사오니 들어주소서

하나님, 사람의 과오를 주께서 일일이 책망하시면
살아남을 자 누구이겠습니까?
그러나 주님은 용서가 몸에 밴 분이시니
주께서 경배 받으시는 까닭입니다

기도로 살아온 인생, 내가 하나님께 기도드리며
그분의 말씀과 그분의 행하실 일을 기다린다네
나의 주 하나님께만 의지한 이 몸
아침이 올 때까지 기다리고 앙망하네
아침이 올 때까지 기다리고 앙망하네

오 이스라엘아 하나님을 기다리고 앙망하여라
하나님이 오시면 사랑이 오고
하나님이 오시면 풍성한 구원이 임한다
참으로 그렇다 그분께서 이스라엘을 구속하실 것이요
죄에 팔려 포로 되었던 이스라엘을 다시 찾으시리라

(시편 130:1-8 Message 성경)

일본 여성 다하라 요네꼬(田原米子)는 어머니의 과잉보호 속에 자라다가, 고등학교 시절 어머니가 세상을 떠나자, 홀로서기에 적응하지 못하고 극단적인 선택을 시도했다. 달리는 기차에 몸을 던진 결과 두 다리와 왼팔을 잃었고, 오른팔도 손가락 두 개가 절단된 채 겨우 살아남았다. 삶은 비참했고, 절망은 깊었으며, 심지어 스스로 목숨을 끊기조차 어려운 상태였다.

그러던 어느 날, 극도의 절망 속에서 몸부림치던 그녀에게 한 신학생이 집요하게 병원으로 찾아와 기도하며 복음을 전했다. 그 전도자의 끈질긴 사랑과 기도로 요네꼬의 마음은 서서히 열리기 시작했고, 마침내 그녀는 죽음의 문턱에서 복음을 받아들이게 된다. 이후 그 신학생과 결혼하여 사모가 된 요네꼬는 『산다는 것이 황홀하다』(生きるって すばらしい, 이키룻테 스바라시이)라는 책을 출간했다. 두 다리와 한쪽 팔을 잃고, 남은 손마저 손가락이 세 개뿐인 여인이 "산다는 것이 황홀하다"고 고백하며, 사랑과 기적, 감동의 생명 찬가를 세상에 전한 것이다. 그녀는 장애인이 되었지만, 하나님의 크신 은혜를 깨닫고 사는 삶이 너무나 감사하고 행복하다고 말했다.

시편 130편은 7개의 참회시(6, 32, 38, 51, 102, 143편) 중 하나로, 절망 가운데서 소망을 노래한 시편이다. 언제 끝날지 모르는 바벨론 포로 생활의 고통 속에서 하나님께 부르짖는 기도 같은 노래인데, 이 시의 특징 중 하나는 홀수 절마다 '여호와'라는 이름이 등장한다는 점이다. "여호와여… 내가 부르짖었나이다"(1절)로부터 시작해, '여호와'는 '언약에 신실하신 하나님', '현존하셔서 지금 나와 함께하시는 하나님'으로 묘사된다. 이어 "여호와여, 죄악을 지켜보실진대 주여 누가 서리이까"(3절)에서는 바벨론 포로 생활이 죄의 결과임을 인정하며, "여호와를 기다리며 나는 주의 말씀을 바라는도다"(5절)에서는 용서의 말씀을 기다린다. 그리고 "여호와께서는 인자하심과 풍성한 속량이 있음이라"(7절)에서는 은혜와 용서를 확신한다.

이 짧은 시편에 '여호와'라는 이름이 4번, '주'라는 호칭이 6번 등장한다. 이는 시인이 철저히 여호와 하나님을 바라보고, 그분께 간절히 기도하며 소망을 두고 있다는 것을 보여준다. 홀수 절마다 여호와의 존재성을 강조하고 하나님을 '구속자'(Redeemer), '저당을 되찾는 자', '구원자'(Saver)로 선포하며 찬양하는 시인의 모습이 무척 인상적이다.

비텐베르크성의 한 탑에서 로마서를 읽던 마르틴 루터(Martin Luther)는 '탑의 체험(Turmerlebnis, 투름엘레브니스)'이라 불리는 유명한 영적 깨달음을 통해, 믿음으로 의롭다고 칭해진다는 이신칭의(以信稱義)의 진리를 발견했다. 그는 시편 32편, 51편, 143편과 함께 시편 130편을 '바울의 시편'이라 부르며 구원의 교리를 잘 담고 있다고 평가했다. 이 아름다운 참회시, 시편 130편에 "절망의 수렁에서 부른 노래"라는 제목을 붙여 본다.

부르짖는 기도

"여호와여, 내가 깊은 곳에서 주께 부르짖었나이다"(1절). 히브리어 원문에서 1절의 첫 단어는 '마아마킴'(מִמַּעֲמַקִּים), 즉 '깊은 곳'이다. 이는 높은 산 아래의 골짜기일 수도 있고, 바닷속 심연이나 아래가 보이지 않는 수렁일 수도 있다. 예상치 못한 고난이나 극심한 고통을 의미하며, 육체적 질병이나 정신적 고뇌가 자신을 사로잡는 자리, 침묵할 수 없고 가만히 있을 수 없는 절박한 상황, 인생의 밑바닥, 스스로 힘으로는 빠져나올 수 없는 곳을 뜻한다.

시인은 미래가 닫힌 이 '깊은 곳'에 빠져 여호와 하나님께 부르짖어 기도했다고 고백한다. 그곳은 불순종으로 인해 요나가 들어가야 했던 물고기 뱃속(욘 2:1) 같은 곳이다. 요나는 사방이 꽉 막힌 곳, 다시 말해 죽음의 장소, 절망의 장소에서 기도했다.

아마 부르짖었을 것이다. 그런데 그런 자리에서 사람들은 죄를 깨닫고 진실해진다. 사람이 바뀌고, 깊이 있는 사람이 된다. 그래서 130편 시인의 깊은 곳에서 부르짖었다는 것은 시인의 깊이 있는 신앙을 보여주는 표현일 수도 있다.

때로 하나님은 깊이 있는 신앙을 위해 성도를 광야로 인도하신다. 광야는 힘들지만 성도에게 꼭 필요한 학교 같은 곳이다. 학교에 졸업이 있듯이 광야는 계속 머무르는 곳이 아니다. 하나님은 광야에 길을 내고, 사막에 강을 내신다. 하나님이 역사하시면 광야는 꽃이 피고, 젖과 꿀이 흐르는 땅으로 바뀐다.

영성가이며 시인이자 왕이었던 다윗도 비슷한 기도를 자주 드렸다. 다윗이 '깊은 곳'을 가장 잘 표현한 것은 시편 23편의 '사망의 음침한 골짜기'(4절)일 것이다. 하나님이 보이지 않는 사면 초가의 상태, 마치 숨바꼭질하시는 듯한 하나님 앞에서 다윗은 밤마다 "하나님, 도대체 어디 계십니까?"라며 처절하게 울부짖었다. 그러나 그는 고백한다. "내가 사망의 음침한 골짜기로 다닐지라도 해를 두려워하지 않을 것은 주께서 나와 함께하심이라 주의 지팡이와 막대기가 나를 안위하시나이다"(시 23:4), 하나님이 함께하며 보호하신다는 것, 그리고 "나를 기가 막힐 웅덩이와 수렁에서 끌어올리시고 내 발을 반석 위에 두사 내 걸음을 견고하게 하셨도다"(시 40:2), 보고 계실 뿐만 아니라 결국 건져내고, 더 든든하게 세워주신다는 것이다.

순례자의 노래

욥도 마찬가지였다. '묻지마 환난'을 당했던 욥은 하나님을 만나려고 백방으로 뛰어다녔다. 앞으로 가도, 뒤로 돌아가도, 좌우 어디에서도 하나님을 만나 뵐 수 없어서 절망했다. 숨어 계시는 하나님, 하나님은 꼭꼭 숨어서 일부러 만나 주시지 않는 듯하다. 잔인하신 걸까? 절망케 하려고 그러시나? 아니다. "그러나 내가 가는 길을 그가 아시나니 그가 나를 단련하신 후에는 내가 순금같이 되어 나오리라"(욥 23:10). 하나님은 단련하려는 목적이 있으시다. 기억하라. 주님은 깊은 데서 부르짖는 성도의 기도를 들으신다.

130편 시인의 기도는 죄와 관련이 있다. 시인은 자신의 죄를 질병처럼 뼈를 찌르는 것, 마치 죽음을 앞둔 것처럼 심각하게 인식한다. 그래서 "내가 깊은 곳에서 주께 부르짖었다"(1절)라고 했고, 이어서 "내 소리, 나의 부르짖는 소리"(2절)라며 귀를 기울여 달라고 소리치며 호소한다. 그리고 응답을 기다린다. "파수꾼이 아침을 기다림보다 내 영혼이 주를 더 기다리나니 참으로 파수꾼이 아침을 기다림보다 더하도다"(6절)라며 '기다림'을 두 번이나 반복한다.

그저 습관처럼 하는 고백이 아니다. 밤새 파수를 서는 파수꾼이 교대 시간을 간절히 기다리듯 날이 새기를 기다리는 시인의 마음이다. 잠 못 이루는 밤을 보낸 것이다. 질병의 고통 때문일까? 사업 실패 때문일까? 자녀나 사랑하는 사람에게 무슨 문제가 생겼을까? 억울한 일을 당했을까? 어둡고 칙칙한 지하 감옥에 갇힌 것 같은 상황, 너무 힘들다. 분통이 터진다. 채찍에 맞아 깊은 고랑이 생긴 등짝이 밤새 찌르는 듯하다. 이러다 죽겠다는 생각이 들어 부르짖는다. 절규한다. "하나님, 살려주세요." 이게 깊은 곳에서 부르짖는 기도다.

깊은 곳에서 부르짖는 이 기도는 인생길을 걸으며 '죽음의 그림자가 드리워진 골짜기 같은 깊은 곳'을 경험한다면 누구나 할 수밖에 없는 기도다. 우리의 기도가 될 수도 있다는 말이다. 자포자기하거나 하나님께 등을 돌리지 말고, 좀 더 깊이 있는 기도, 좀 더 진지한 기도, 부르짖는 기도를 드려야 한다. 그래야 '깊은 인격', '깊은 신앙'을 소유하게 된다. 이것이야말로 남들이 부러워할 만한 영적 자산이다. 그래서 혹시 절망의 때를 맞이했다면 부르짖는 기도로 이겨내야 한다.

용서를 구하는 기도

기도하는 시인은 무엇보다 먼저 죄악의 문제를 다룬다. "주께서 죄악을 감찰하실진대 주여 누가 서리이까?"(3절). 이는 자신이 '깊은 곳'에 처하게 된 것이 죄악 때문임을 암시하며, 주께 용서를 구하는 고백이다. '죄악'(עֲוֹנוֹת 아보노트)은 복수명사, 하나님 앞에

설 수조차 없는, 많은 죄로 얼룩진 존재임을 자인하는 표현이다.

얼마나 아팠을까? 얼마나 힘들었을까? 이제 시인은 죄 용서, 사유하심이 하나님께 있음을 선언한다. 공동번역 성경은 4절을 이렇게 번역한다. "그러나 용서하심이 당신께 있사오니, 이에 당신을 경외하리이다." 용서는 오직 하나님께 달려 있으며, 용서받는 것으로 끝이 아니라 하나님을 경외하며 살겠다고 결단한 것이다. 지금까지는 마치 하나님 없는 삶, 하나님께 등을 돌린 삶을 살았지만, 사유하심을 계기로 이제부터는 하나님을 경외하며 살아가겠다는 것이다.

우리도 그래야 한다. 죄에 대해 반드시 용서를 구하고, 주님과 좋은 관계로 교제하며 살아야 한다. "만일 우리가 우리 죄를 자백하면 그는 미쁘시고 의로우사 우리 죄를 사하시며 우리를 모든 불의에서 깨끗하게 하실 것이요"(요일 1:9), "내가 네 허물을 빽빽한 구름 같이 네 죄를 안개같이 없이 하였으니 너는 내게로 돌아오라 내가 너를 구속하였음이니라"(사 44:22). 주님은 어떤 죄든 자복하면 용서해 주신다.

다윗은 최고의 믿음을 소유한 사람이었지만, 그 역시 완벽한 사람은 아니었다. 충신 우리아 장군의 아내 밧세바와 불륜을 저지르고 그걸 숨기려고 충신 우리아를 전쟁터에서 죽게 만든다. 하나님께서 나단 선지자를 보내 죄를 지적하신다. 다윗이 누군가? 이스라엘의 왕이요 절대 권력자 아닌가? 그런데도 다윗은 자신의 죄악을 합리화하거나 선지자를 내치지 않고, 자기 죄를 인정한다. "다윗이 나단에게 이르되 내가 여호와께 죄를 범하였노라 하매"(삼하 12:13), "무릇 나는 내 죄과를 아오니 내 죄가 항상 내 앞에 있나이다 내가 주께만 범죄하여 주의 목전에 악을 행하였사오니"(시 51:3-4), 다윗은 눈물을 흘리며 자기 죄악을 숨김없이 고백하며 회개한다. 그래서 하나님은 선지자를 통해 용서를 선포하신다.

> "여호와께서도 당신의 죄를 사하셨나니 당신이 죽지 아니하려니와"(삼하 12:13)

용서를 구하는 기도가 중요하다. 130편 시인은 아마 용서하신다는 응답이 있을 때까지 부르짖었을 것이다. 우리도 그래야 한다. 주님 앞에 죄악을 낱낱이 고백하고 죄 사함 받는 것만이 살길이다. 감사한 것은 주님이 십자가 보혈로 우리의 죄를 깨끗하게 해주신다는 것이다. 그렇다면 충만하지 못했던 것이나 충성하지 못했던 것까지 모두 회개하고, 용서를 구하며 살아야 한다.

기다리는 기도

사방이 꽉 막혀 바랄 것은 오직 하나님밖에 없는 상황, 이 상황에서 시인은 인생과 역사의 주관자이신 하나님께 소망을 둔다. "내 영혼은 여호와를 기다리며 나는 주의 말씀을 바라는도다"(5절). "이스라엘아 여호와를 바랄지어다"(7절). 시편에 자주 등장하는 표현인 "여호와를 기다린다"라는 말은 단순히 시간을 보내는 기다림이 아니다. 초점은 '여호와', 곧 하나님께 있다.

여기서 '기다린다'는 동사는 이사야 40장 31절의 "오직 여호와를 앙망하는 자는 새 힘을 얻으리니"에 나오는 '앙망하다'와 같은 단어다. 문자적 의미는 '줄로 묶다.' 기다린다는 것은 우리를 하나님께 묶는 것이다. 하나님이 그 줄을 당겨주시기를 소망하며 기다리는 것이다.

시인은 특별히 '주의 말씀을 바란다'고 고백한다. "용서한다"는 그 말씀 한마디면 충분하다는 믿음이다. 포로로 끌려가 머나먼 바벨론 땅에서 온갖 고생과 멸시를 겪은 이스라엘 백성에게 어느 날 심판이 끝났다는 하나님의 말씀이 임한다.

"너희의 하나님이 이르시되 너희는 위로하라 내 백성을 위로하라 너희는 예루살렘의 마음에 닿도록 말하며 그것에게 외치라 그 노역의 때가 끝났고 그 죄악이 사함을 받았느니

라"(사 40:1-2)

　죄 사함! 해방이라는 엄청난 선언, 이 한마디 말씀으로 충분했던 기억을 떠올렸을까? 시인은 주의 말씀을 바란다.

　마태복음에는 중풍병으로 고통받는 하인을 위해 예수께 나아온 가버나움의 백부장이 등장한다. 예수께서 "내가 가서 고쳐 주리라"고 하시자, 그는 "내 집에 들어오심을 나는 감당하지 못하겠사오니 다만 말씀으로만 하옵소서 그러면 내 하인이 낫겠사옵나이다"(마 8:8)라고 말한다. 그는 군인이었기에 명령의 권위를 이해했고, 예수님의 말씀만으로도 충분하다고 믿었다. 그래서 자신도 남의 수하에 있고, 자기에게도 부하가 있는데 그들은 "가라 하면 가고 오라 하면 오고, 내 종더러 이것을 하라 하면 한다"며 말씀만 해 달라고 간청한다. 예수님은 "이스라엘 중 이만한 믿음을 보지 못하였다"고 하시며 "가라 네 믿은 대로 될지어다"라고 하셨고, 성경은 그 즉시 하인이 나았다고 기록한다. 말씀을 기다리는 자세, 이것이 우리의 자세여야 한다.

　시인은 파수꾼처럼 하나님을 기다린다고 했다. "파수꾼이 아침을 기다림보다 내 영혼이 주를 더 기다리나니 참으로 파수꾼이 아침을 기다림보다 더하도다"(6절), 파수꾼은 경계하는 군인, 부대원들의 생명과 전투의 승패를 좌우하는 중요한 임무를 부여받은 자다. 그가 아침을 기다리는 것은 인간의 기다림 가운데 가장 간절한 기다림, 극도의 피곤 중에도 긴장을 늦출 수 없는 기다림이다. 지루하고 피곤해도 결코 졸거나 포기할 수 없다. 동트는 아침, 교대 시간만 학수고대한다. 시인은 주님을 기다리는 성도의 간절함과 인내가 파수꾼보다 더하다고 한다. 맞다. 그래야 한다.

그런데 혹시 우리의 기다림보다 하나님의 기다림이 더하다는 생각을 해본 적 있는가? 이사야는 이렇게 말한다. "그러나 여호와께서 기다리시나니 이는 너희에게 은혜를 베풀려 하심이요 일어나시리니 이는 너희를 긍휼히 여기려 하심이라"(사 30:18). 하나님께서 우리를 기다리신다는 말씀이다. 예수님의 '돌아온 탕자 비유'에서 집 나간 둘째 아들을 기다리는 아버지의 모습을 생각하면 이해가 될 것이다. 때리거나 혼을 내려고 기다리시는 게 아니다. 발목을 붙들어 매려고 하시는 것도 아니다. 큰아들은 그것을 기대했을지 몰라도 아버지는 그럴 생각이 없으시다. 벌떡 일어나 씻기고, 옷 갈아입히고, 새 신발 신기고, 반지 끼워 주고, 잔치를 열기 위해 기다리신 것이다.

이사야서에 이어지는 말씀은 더욱더 감동적이다. "그를 기다리는 자마다 복이 있도다"(사 30:18). 절망의 수렁에 빠졌을지라도, 기다리는 자에게 복이 있다고 하신다. 기다리는 복! 이것이 우리가 누릴 복이다.

12

낮은 자가 부른 행복의 노래

시편 131편 강해

하나님,
나는 대장이 되려고 애쓰지 않습니다
으뜸이 되고 싶지도 않습니다
남의 일에 참견하지 않았고
거창하고 허황된 꿈을 꾸지도 않았습니다

나는 발을 땅에 디디고
마음을 고요히 다잡으며 살았습니다
엄마 품에 안긴 아기가 만족하듯
내 영혼 만족합니다

이스라엘아,
하나님을 기다려라
희망을 품고 기다려라
희망을 가져라!
언제나 희망을 품어라!

(시편 131:1-3 Message 성경)

2025년 1월 9일에 있었던 지미 카터(Jimmy Carter) 전 미국 대통령의 장례식은 마치 축제처럼 진행되었다. '굿바이 카터'라는 아름다운 작별 인사와 함께. 퇴임 후 돈 벌 기회를 다 거절하고 방 두 칸짜리 집에서 검소하게 살아 온 그는, 사업가 친구들의 전용기를 마다하고 일반 여객기 이코노미석을 이용할 만큼 소박한 삶을 살았던 인물이다. 그뿐만 아니라 건강이 악화할 때까지 교회 교회학교 교사로 헌신했던 그분은 신실한 하나님의 사람이셨다.

땅콩 농부의 아들로 태어나 1977년 백악관 주인이 되었지만, 재임 중에는 높은 평가를 받지 못했다. 그러나 퇴임 후에는 해비타트(Habitat)와 사랑의 집 짓기 등 다양한 자선 활동과 비공식적 외교 활동으로 세계 평화를 도모하며 노벨평화상을 수상하는 등 세계 최고의 전직 대통령으로 평가받았다.

자신을 스스로 거물로 여기지 않고, 거물인 척하는 사람도 싫어했던 카터, 세금으로 충당되는 전직 대통령 연금, 경호 비용, 기타 경비를 최대한 절약했다. 빌 클린턴 127만 달러, 조지 W. 부시 121만 달러, 오바마 118만 달러, 트럼프 104만 달러에 비해, 그는 연간 49만 6천 달러, 절반 이하로 줄이며 검소함을 실천한 멋진 분이셨다. 전 세계적으로 존경받던 지미 카터는 100세를 일기로 소천되셨다.

1970년대 말 '4월과 5월'이란 듀엣이 부른 '욕심 없는 마음'이라는 유행가가 있었다.

> ♫ 내가 살고 싶은 곳은 작은 초가집
> 내가 먹고 싶은 것은 구운 옥수수
> 욕심 없는 나의 마음 탓하지 마라
> 사람들아 사람들아 ♫

초가집, 옥수수, 저고리, 성경책… 욕심 없는 마음을 단조로운 멜로디로 반복하는 이 노래는 대중에게 큰 인기를 끌었다. 시편 131편을 읽다가 거의 50년이 지난 이 노래가 떠올랐다. 소소한 것에서 행복을 찾는 욕심 없는 마음, 권력에 대한 욕심으로 폭주하는 정치인들이나 욕심으로 가득 찬 현대인들이 지미 카터 전 미국 대통령과 이 노래를 접하며 욕심을 조금이라도 내려놓기를 기대해 본다. 성경이 "욕심이 잉태하여 죄를 낳고 죄가 장성하여 사망을 낳는다"(약 1:15)고 경고하기 때문이다.

시편 131편은 순례자의 노래 15편 중 '다윗의 시'라는 부제가 붙은 다섯 편 중 하나로 내용이 소박하고 평화롭다. 욕심이 없다.

시편 중 가장 짧은 시에 속하는 이 시는 지금까지 읽은 순례자의 노래들과는 사뭇 분위기가 다르다. 탄식시의 격한 감정 표현도 없고, 고통이나 분노, 간절한 소원이나 간구도 없으며, 악인과 원수에 대한 복수나 승리에 대한 언급도 없다.

구약학자 A. 바이저(A. Weiser)는 자신의 시편 주석에서 "이 시는 서산으로 넘어가는 햇살이 조용하게 물든 황혼 녘에, 어느 고요한 마을 위로 평화스럽게 울려 퍼지는 종소리와 같다"고 했는데, 이 시가 다윗의 시라는 점이 더욱 신선하게 다가온다. 일개 목동에서 일약 왕이 된 다윗, 한 나라를 다스리는 왕이라면 얼마나 복잡한 일이 많았을까? 산더미처럼 쌓인 국정으로 머리가 복잡했을 것이고, 피로와 스트레스도 대단했을 것이다.

하지만 왕으로서는 절대 부르기 힘든 노래, 다윗은 왕이 아니라 한 사람의 신앙인으로서 하나님만 바라보며 이 노래를 불렀던 것 같다. 그래서 시편 131편에 "낮은 자가 부른 행복의 노래"라는 제목을 붙여 본다.

다 내려놓고

1절을 공동번역으로 보면 다음과 같다. "야훼여 내 마음은 교만하지 아니하며 내 눈이 높은 데를 보지 않습니다. 나는 거창한 길을 좇지 않고 주제넘게 놀라운 일을 꿈꾸지도 않습니다." 메시지 성경은 이렇게 번역했다. "하나님, 나는 대장이 되려고 애쓰지 않습니다. 으뜸이 되고 싶지도 않습니다. 남의 일에 참견하지 않았고 거창하고 허황한 꿈을 꾸지도 않았습니다."

여기서 '교만하다'는 것은 자신감이 너무 넘치는 것, 자기 능력에 대한 과도한 확신이다. 그리고 '높은데'라고 표현한 것은 권력이나 명예나 직위가 높은 자리를 의미하며, '거창한 길'과 '주제넘은 놀라운 일'은 대형 국책 사업이나 국민 운동, 혹은 새로운 프로젝트나 조직 만들기 등으로 해석할 수 있다. 창조적일 수 있지만 자기의 정치적 생명이나 지위가 위태로울 수도 있는 일들, 다윗은 그런 무리수를 둘 생각이 없다. 나이가 들었기 때문일까? 아니면 겸손의 소중함을 깨달았기 때문일까? 다윗은 교만하지 않겠다고 고백한다.

우리에게 친숙한 어거스틴(Augustine)은 "기독교의 최고 덕목 세 가지는 겸손, 겸손, 그리고 또 겸손"이라고 말했다. 겸손은 뭔가 부족해서 어쩔 수 없이 갖는 태도가 아니다. 개빈 오틀런드(Gavin Ortlund) 목사는 자신의 책 『겸손』에서 "겸손은 나를 내려놓는 기쁨"이라고 표현했다. 그는 이어 "겸손은 감추는 것도, 자기혐오도 아니고, 나약함도 아니며, 개인의 삶을 회복시키는 능력이자 공동체를 성장시키는 비결, 그리고 하나님 안에서 누리는 진정한 자유이자 기쁨"이라고 설명했다. 또 스코티 스미스(Scotty

Smith) 목사는 겸손을 "구원의 DNA를 품은 복음, 성육신하신 예수님의 심장박동, 은혜의 풍성함을 잘 아는 마음과 성령님이 교회에 창조하신 문화"라고 했다. 맞다. 겸손은 성경에서 강조하는 중요한 주제 중 하나다.

조희선이라는 사람은 '하느님 바보'라는 시에서 이렇게 노래한다.

> "높은 것
>
> 낮은 것도 구별할 줄 모르고
>
> 좋은 것
>
> 싫은 것도 골라낼 줄 모르고
>
> 손해
>
> 이익 따윈 계산할 줄 모르고
>
> 네 편
>
> 내 편도 만들 줄 모르는
>
> 하느님은 바보
>
> 오직 하나, 사랑만 아시는
>
> 사랑밖에 모르는 하느님, 바보!"

겸손하지 않았다면 할 수 없는 사랑, 겸손이 예수님의 길이었다. 생각해 보라. 성육신도 십자가도 다 겸손 아닌가? 그렇다면 우리의 현실적인 선택도 겸손이어야 한다.

다윗은 이제 "큰일을 하지 않겠다"며 다 내려놓은 듯한 고백을 한다. 원래 나이 들면 포용력도 생기고, 다 부질없다는 생각이 들면서 사람이 보수적으로 변한다. 처칠(Winston Churchill)이 "젊었을 때 진보주의자가 되지 않는 것은 심장이 없는 것이고, 나이 들어서 보수주의자가 되지 않는 것은 머리가 없는 것"이라 했다는데 사람은 자기 나이에 맞게 살아야 한다.

다윗은 작은 일을 하는 지금이 가장 행복하다고 생각했던 모양이다. 가족들이나 친구들과 함께 노닥거리고 운동하고 여행하는 것이 작은 일 같지만, 이런 것이 평화롭고 소중한 일이다. 그리고 큰일, 큰일 하지만 큰일도 작은 일들이 쌓여서 이루어진다는 것을 알아야 한다. 기억하라. 131편은 다 내려놓은, 낮은 자 다윗이 부른 행복의 노래였다.

젖 뗀 아이같이

"실로 내가 내 영혼으로 고요하고 평온하게 하기를 젖 뗀 아이가 그의 어머니 품에 있음 같게 하였나니 내 영혼이 젖 뗀 아이와 같도다"(2절). 이 구절을 메시지 성경은 이렇게 번역했다. "나는 발을 땅에 디디고 마음을 고요히 다잡으며 살았습니다. 엄마 품에 안긴 아기가 만족하듯 내 영혼 만족합니다.”

'고요하다'는 히브리어로 '샤바'(שׁוה), '동등하다, 평평하다'는 뜻이다. 이는 분노와 거친 감정이 가라앉고 통제된 상태, 곧 마음의 평화를 의미한다. 지금 우리에게도 이 고요함이 절실하다. 나라가 너무 시끄럽기 때문이다. 정치지도자들의 추한 욕심으로 국민은 지쳤다. 그들은 나라나 국민을 사랑하기보다 줄기차게 자기들 욕심만 채우고 있다.

요한복음 8장에 보면 간음하다가 현장에서 잡힌 여인을 향해 사람들이 돌을 들고 몰려들었을 때, 예수님이 땅에 뭔가를 쓰고 일어나 말씀하셨다. “너희 중에 죄 없는 자가 먼저 돌로 치라”(7절). 그 한마디 말씀에 모두 자리를 떴다. 우리도 입 좀 다물면 좋겠다. 그리고 다시 동방예의지국의 품격을 회복하면 좋겠다.

다윗은 이어서 “내 영혼으로… 평온하게 하기를 젖 뗀 아이가 그의 어머니 품에 있음 같게 하였다”고 노래한다. 여기서 '평온하다'는 히브리어로 '다맘'(דמם)으로 '잠잠하다', '침묵하다', '기다리다'는 뜻이다. 하나님의 때를 기다리는 게 중요하다. 무작정 뛰면 지칠 뿐, 그것은 불안의 표현일 뿐이다.

다윗은 “내 영혼으로 고요하고 평온하기를 젖 뗀 아이가 엄마 품에 있는 것 같게 하였다”고 고백했다. 엄마 품에 안길 때, 고요와 평안을 누릴 수 있다는 것을 아는 다윗. 그가 노래한 아기는 좀 자란 아이, 생각이 없는 아이가 아니다. 그런데 맛있는 분유보다 아직 엄마 품이 더 좋다는 것, 그 아이에게 엄마 품은 가장 편안한 자리, 아무 걱정이 없는 최고의 안식처다. 다윗은 하나님 앞에서 그런 아이가 되고 싶었다. 권력과 부귀영화로 채워지지 않는 가슴, 그리고 피곤함과 스트레스를 하나님 앞에서 다 해결하고 싶었던 것이다.

그래서일까? 다윗은 긴박한 상황 속에서도 고요와 평안을 잘 지킨다. 아들 압살롬의 쿠데타로 도망치던 다윗, 그때 시므이가 비난하며 저주하지만, 그의 입을 막지 않고, 죽이지도 않는다. 오히려 "그가 저주하는 것은 여호와께서 그에게 다윗을 저주하라 하심이니"(삼하 16:10)라고 말하며 "내 몸에서 난 아들도 내 생명을 해하려 하는데 저주하게 버려두라"(11절)고 한다. 시므이가 하나님의 명령에 따르고 있다며 저주받으면서도 마음의 고요와 평온을 지킨 것이다.

또 사무엘상 24장에서는 자신을 죽이려고 하는 사울에게 복수하지 않는다. "자기 사람들에게 이르되 내가 손을 들어 여호와의 기름 부음을 받은 내 주를 치는 것은 여호와께서 금하시는 것이니 그는 여호와의 기름 부음을 받은 자가 됨이니라 하고"(삼상 24:6). 복수는커녕 하나님의 기름 부음 받은 사람을 치는 것을 하나님께서 원하시지 않는다며 마음의 고요와 평온을 유지한다.

다윗의 이런 모습과 달리 늘 쫓기는 사람들이 있다. 사울 왕이 대표적이었는데 지금도 그런 사람이 많다. 우선 손에서 핸드폰

순례자의 노래

을 놓지 못하는 사람들이 그런 사람들이다. 핸드폰과 시계보다 하나님을 바라보며 살아야 한다. 특히 주일에는 더 그래야 한다. 주일에도 핸드폰을 붙들고 시계를 들여다보는 건 마음이 나뉜다는 것, 부디 하나님 앞에서도 안절부절못하는 모습을 보이지 말고 여유로운 마음으로 하나님의 따뜻한 품을 느끼며 예배에 집중하기 바란다.

찻집에서 차를 마시는 사람들도 크게 두 부류다. 차 한 잔을 시켜 놓고, 어딘가로 계속 전화하며 연신 시계를 들여다보는 사람, 그러다 누가 오면 정신없이 이야기를 나누다가 훌쩍 나간다. 반면에 차 한 잔을 시켜 놓고 창가에 앉아 멍때리는 사람이 있다. 잠시 찻잔을 보다가 창밖을 내다보는 사람. 마치 차는 마시려고 시킨 게 아니라, 곁에 두려고 시킨 것 같다. 주인이 와서 다시 따끈한 차로 바꾸어 주어도 그 잔을 앞에 놓고 할 일이 없는 사람처럼, 갈 곳도 없는 사람처럼 그냥 앉아있다. 하지만 그 사람은 평화롭고 자유롭다. 생각은 날개를 달고 시공을 초월하여 날아다니고, 감정이 다스려진다. 생각해 보니 사는 게 너무 감사하다. 평소에 생각나지 않던 일들이 떠오른다. 잊고 살던 사람들도 생각난다. 물론 좀 잘못 살고 있다는 후회가 들기도 한다. 당연히 비참한 시간이 아니다. 더 잘해 보고 싶은 열정과 결단이 생긴다. 자신감이 생긴다. 얼마나 시간이 지났을까? 자리에서 천천히 일어설 때 그는 자유인이 되어 있다. 그 사람은 찻집에서 차를 마신 게 아니라, 기쁨을 마시고, 사랑을 마셨다. 거기서 생명 에너지를 마신 것이다. 묻는다. 당신은 어느 쪽에 속한 사람인가?

지난해 11월 광주에서는 '광주 시민 매년 1책 읽기' 등 독서 생태계 활성화를 위해 '인문 도시 위원회'를 만들고, 최선을 다해 멍때리는 사람이 많은 도시로 만들겠다고 했다. 소란스러운 시대일수록 고요히 묵상하며 사는 게 필요하다. 그러기 위해 무엇보다 예배에 더 집중해야 한다. 기쁨과 사랑과 생명을 마시는 은혜로운 예배, 그러려면 먼저 할 일이 없는 사람처럼, 갈 데가 없는 사람처럼 하나님 앞에 앉기부터 해야 한다. 모처럼 만나 속마음을 좀 나누고 싶은데 상대방이 계속 핸드폰만 들여다보고 있다면 어떤 생각이 들까? 불쾌하지 않을까? 그런데 그게 예배 시간 나의 모습이라면 어떨까? 안 된다. "하나님, 저 오늘 시간 많아요. 하나님 앞에 오래 있을 거예요. 하시고 싶은 말씀 다 하세요." 푸근하게 시간도 드리고, 마음도 드리는 예배가 되어야 한다. 기억하라. 시편 131편은 엄마 품에 안긴 젖뗀 아이같이, 낮은 영혼의 다윗이 부른 행복의 노래였다.

영원까지 여호와를 바라며

다윗은 이제 "이스라엘아 지금부터 영원까지 여호와를 바랄

지어다"(3절)라고 노래한다. 늘 피곤하게 살 수밖에 없는 왕이지만 답이 하나님께 있음을 아는 사람이다. 문제가 있을 때마다 자주 하나님 앞에 나갔던 다윗이라 그날도 하나님 앞에 앉았다. 경거망동하지 않겠다는 것이다. 소망을 하나님께 두고 오늘만큼은 어떤 일에도 방해받고 싶지 않다는 자세다. 왜? 평안히 쉴만한 유일한 안식처, 다윗에게는 하나님이 그런 분이시기 때문이다.

앗수르가 북왕국 이스라엘을 친 후 북왕국 동맹 세력이 밀고 들어올 때 유다 왕이나 일부 세력들은 애굽과 연합하여 대항하려 했다. 애굽의 말과 마병을 의지한 것이다. 그때 이사야 선지가 했던 말은 "너희가 돌이켜 조용히 있어야 구원을 얻을 것이요, 잠잠하고 신뢰하여야 힘을 얻을 것이거늘"(사 30:15), 꾀부리지 말고 입 다물고 섣부른 행동하지 말라는 경고다.

하나님을 신뢰해야 한다. 하나님께 맡기고 조용히 하나님의 뜻을 기다려야 한다. 쉬는 것과 좀 다르긴 하지만 쉰다고 생각해도 된다. 최소한 주일만이라도 좀 쉬라. 사업도 쉬고, 연애도 쉬고, 고민도 쉬고, 가정일도 쉬고, 정치 집회도 쉬고… 좀 쉬어야 한다!

안식일은 히브리어로 '샤바트'(שַׁבָּת), 하던 일을 중단하고 쉬는 날이다. 창세기에는 다음과 같이 기록하고 있다.

"하나님이 그가 하시던 일을 일곱째 날에 마치시니 그가 하

시던 모든 일을 그치고 일곱째 날에 안식하시니라"(창 2:2)

하나님께서도 창조의 일을 그치고 쉬셨다. 쉴 줄 알고, 멈출 줄 알아야 한다. 하나님께서는 우리와 더 말씀하고 싶으신데 쫓기는 마음 때문에 "다음 주일에 뵙겠습니다." 그러면 되겠는가? 영원까지 바라보는 낮은 자의 자세라면, 낮은 자 다윗이 부른 행복의 노래가 우리의 노래 될 것이다.

여호와여 내 마음이 교만하지 아니하고
내 눈이 오만하지 아니하오며
내가 큰 일과 감당하지 못할 놀라운 일을 하려고
힘쓰지 아니하나이다
실로 내가 내 영혼으로 고요하고 평온하게 하기를
젖 뗀 아이가 그의 어머니 품에 있음 같게 하였나니
내 영혼이 젖 뗀 아이와 같도다
이스라엘아 지금부터 영원까지 여호와를 바랄지어다

– 시편 131편 –

13

예배자가 부른 감격의 노래

시편 132편 강해

오 하나님, 다윗을 기억하소서. 그의 노고를 기억하소서!
그가 하나님께 약속한 일을 기억하소서
야곱의 강하신 하나님께 그가 맹세했습니다
"나, 집에 가지 않겠습니다. 잠자리에 들지 않겠습니다
잠도 자지 않고 쉬지도 않겠습니다
야곱의 강하신 하나님께 집을 마련해 드리기 전까지는"

기억하소서
우리가 그 소식을 에브라다에서 처음 접하고
야알 초원에서 자세히 듣던 날을. 우리는 소리쳤습니다
"헌당식에 참석하자!
하나님께서 그분의 발판 삼으신 곳으로 가 그분께 경배드리자!"

일어나소서 하나님, 주님의 새 안식처에 드소서
주님의 강력한 언약궤와 함께 드소서
주님의 제사장들로 정의를 갖추어 입게 하시고
주님의 경배하는 이들로 이 기도를 읊게 하소서
"주님의 종 다윗을 높여 주소서
주께서 기름 부어 세우신 이를 외면하지 마소서"
언제나 여기가 내 집이 될 것이다
내가 이곳을 택했고, 영원토록 여기 있을 것이다
이곳을 찾는 순례자들에게 복을 소낙비처럼 쏟아부어 줄 것이며
허기져 도착하는 이들에게 밥상을 차려줄 것이다
내 제사장들에게 구원의 옷을 입혀 줄 것이며
거룩한 백성들로 가슴 벅차 노래 부르게 할 것이다!
오, 내가 다윗을 위해 이곳을 빛나는 곳으로 만들리라!
내 기름부음 받은 자를 위해 이곳을 빛으로 가득 채우리라!
그의 원수들에게는 더러운 넝마를 입히고
그의 왕관은 찬란히 빛을 발하게 하리라

(시편 132:1-18 Message 성경)

마침내 성전에 이르렀다. 시편 132편은 초막절과 성전 봉헌을 겸한 예식에 직접 참여하는 순간을 떠올리게 하는 노래다. 순례자가 여호와의 임재를 상징하는 언약궤 앞에 엎드려 예배하는 감격을 누린다. 순례 여정과 연속선상에 있는 절정의 순간이다. 만약 이 순간을 생각하지 않았다면, 순례는 방랑에 그쳤을 것이다. 성전에서 예배를 드린다는 것, 20세기 최고의 신학자인 칼 바르트(Karl Barth)가 예배를 "가장 중요하고, 가장 긴급하고, 가장 영광스러운 것"이라고 말했는데 예배에 목숨을 걸었던 성경의 주요 인물들처럼 예배에 목숨을 건 순례자들에게는 가장 행복한 순간이다.

다윗과 솔로몬의 이야기가 겹쳐있는 시편 132편은 예배의 중요성을 다룬 순례자의 노래 중 가장 긴 시편이다. 대부분 순례 시편은 8절 이내이며, 길어야 9절이고, 3절로 이루어진 짧은 시편도 세 편이나 있지만, 132편은 무려 18절로 구성되어 있어 매우긴 편에 속한다.

순례자의 노래 15편은 '층계송'으로도 유명하다. 성전 여인의 뜰에서 이스라엘과 제사장의 뜰로 올라가는 곳에 미문(일명 Nicanor Gate)으로 오르는 층계가 15개가 있는데, 120편부터 한 계단씩 오르거나 내리며 이 시편들을 낭송했다는 것이다. 만일 이것이 사실이라면 열세 번째 계단에서는 아마 정체 현상이 있었을 것이다. 시편 132편은 내용도 길지만 성전에 도착한 예배자의 감격을 다루고 있기 때문이다. 그래서 시편 132편을 "예배자가 부른 감격의 노래"라는 제목으로 불러 본다.

하나님을 위한 예배

"이 성전은 사람을 위한 것이 아니요, 여호와 하나님을 위한 것이라. 내가 이미 내 하나님의 성전을 위하여 힘을 다하여 준비하였나니"(대상 29:1-2) 법궤를 예루살렘으로 옮겼던 다윗은 그것으로 만족하지 않았다. 그는 하나님을 위한 성전 건축을 가장 우선할 숙원사업으로 생각하고, 건축에 필요한 모든 자료와 기금을 다 준비했다.

하지만 다윗의 소원인 성전 건축을 하나님께서는 허락하시지 않는다. 이유는 다윗이 손에 피를 많이 흘렸기 때문이라 했다(대상 22:7-8). 통일왕국을 세우는 과정에서 정적 제거와 전쟁으로 피를 많이 흘렸기에, 하나님은 그에게 성전 건축을 맡기지 않으셨

순례자의 노래

다는 것이다.

　이해가 되는가? 다윗은 최고의 정적 사울 왕을 죽일 기회가 몇 번 있었음에도 불구하고 그를 죽이지 않았고, 자기를 저주한 시므이 같은 사람도 죽이지 않았다. 그런데도 예배의 사람 다윗의 소원이라면 "너무 좋지"가 아니라 피를 많이 흘렸다며 "No"? 하나님의 생트집일까? 정확한 건 아니지만 출애굽의 영웅 모세가 가나안에 들어가지 못한 것과 같은 맥락으로 보인다. 물론 억지처럼 보이는 하나님의 거절에 당황할 이유는 없다. 왜냐하면 다윗을 향한 하나님의 사랑과 축복이 변함없기 때문이다. 다만 하나님의 거절은 다윗이 모든 영광을 다 누려서는 안 된다는 뜻이 담긴 것 같다. 인간의 심성을 너무 잘 아시는 하나님, 하나님은 다윗이 교만해지는 걸 원치 않으셨다. 고대 사회에서 대체로 왕들은 거의 모든 것을 다 마음대로 할 수 있었는데 이스라엘의 왕이 그래서는 안 된다는 것, 하나님은 다윗이 왕이지만 겸손한 예배자가 되기를 원하셨다.

　결국 성전은 다윗의 아들 솔로몬 때 건축된다. 그러나 역사서나 시편을 비롯한 성경은 성전을 솔로몬의 성전이 아니라 다윗의 성전으로 인정하는 분위기다. 솔로몬은 다윗이 다 준비해 놓은 것을 그저 집행한 사람일 뿐이다. 성전과 관련한 복도 다윗에게 주어진다.

"네 자손이 내 언약과 그들에게 교훈하는 내 증거를 지킬진대 그들의 후손도 영원히 네 왕위에 앉으리라 하셨도다"(12절)

"그는 내 이름을 위하여 집을 건축할 것이요 나는 그의 나라 왕위를 영원히 견고하게 하리라"(삼하 7:13)

다윗의 언약은 다윗 대에 주어진 것이다. 성전 건축의 주인공이자 1등 공신이기 때문이다. 우리는 그의 철저한 준비도 주목해야 하지만, 그보다 성전을 향한 그의 마음을 보아야 한다. 시편 132편에도 성전을 향한 다윗의 사랑과 열정이 잘 나타난다. "여호와여 다윗을 위하여 그의 모든 겸손을 기억하소서"(1절). 이것이 시작이다. 그리고 "내 침상에 오르지 아니했고, 내 눈으로 잠들게 하지 아니하였나이다"(3~4절). 주님은 집도 없이 떠도시는데, 자기는 편안한 침상에서 잠을 잘 수 없다는 것, 그만큼 하나님을 위해 성전을 지어드려야겠다는 열망이 대단했다.

이거다. 이게 바로 예배자의 자세다. "사람을 위한 것이 아니요, 여호와 하나님을 위한 성전", '여호와의 처소'(5절), '그의 발등상'(7절), '자기 거처'(13절), '나의 영원히 쉴 곳'(14절)이라고 표현한 성전. 그 성전에서 다윗은 하나님을 위하여 예배드리는 것이 소원이었다.

"우리가 그의 계신 곳으로 들어가서 그의 발등상 앞에서 엎드려 예배하리로다"(7절)

다윗의 예배에 대한 간절한 소원이 우리의 소원 되기를 바란다.

기쁨이 넘치는 예배

"여호와여 일어나사 주의 권능의 궤와 함께 평안한 곳으로 들어가소서"(8절). 성전 건축을 완성한 솔로몬이 감격하며 "하나님, 건축이 끝났으니 당신의 법궤와 함께 평안하게 성전으로 들어가소서"라고 기도한다. 솔로몬이 하나님을 성전 안에 가두고 싶었을까? 아니다. 그러면 하나님은 성전에만 계시는 분이라는 뜻인가? 그것도 아니다. 솔로몬의 기도는, "하나님이 참으로 사람과 함께 땅에 계시리이까 보소서 하늘과 하늘들의 하늘이라도 주를 용납지 못하겠거든 하물며 내가 건축한 이 성전이오리이까"(대하 6:18). 성전을 잘 지었지만, 하나님을 모시기에는 너무 좁다는 것이다. 그럼에도 불구하고 솔로몬은 본문에서 "평안한 성전으로 들어가소서"라고 기도했다. 그 뜻은 이사야 66장 1~2절의 말씀과 연결된다.

"하늘은 나의 보좌요 땅은 나의 발판이니 너희가 나를 위하여 무슨 집을 지으랴 내가 안식할 처소가 어디랴 나 여호와가 말하노라 내 손이 이 모든 것을 지었으므로 그들이 생겼느니라 무릇 마음이 가난하고 심령에 통회하며 나의 말을 듣고 떠는 자 그 사람은 내가 돌보려니와"(사 66:1-2)

하나님은 사람이 지은 성전에 거할 수 없다고 하시며 "내가 거할 곳은 심령이 가난한 자, 마음에 통회하는 자, 나의 말을 두렵고 떨림으로 받는 자, 그 속에 내가 거하며 내가 그들을 돌볼 것이라"고 하셨다. 그렇다. 하나님은 우리의 마음에 거하기를 원하신다. 그렇다면 솔로몬의 "일어나사 평안한 곳으로 들어가소서"라는 고백은 "하나님, 제 마음의 문을 여오니 제 속에 들어오셔서 제 마음 중심에 좌정하소서"라고 적용하면 좋겠다.

주목할 것은 솔로몬이 지금 감격하고 있다는 것이다. 성전을 완공하고 하나님께 예배드리는 것이 너무 감사하기 때문이다. 또 드디어 선친 다윗의 기대대로 법궤가 여기저기 옮겨 다니지 않고 한 곳에서 여호와의 임재를 경험할 수 있게 되었기 때문이다. 이 기쁨은 포로지에서 해방된 귀환 공동체가 예루살렘으로 돌아와 예배드릴 때 8절을 사용하며 누린 감격이었을 것이다.

"여호와여 일어나사 주의 권능의 궤와 함께 평안한 곳으로 들어가소서"

여기서 '여호와여 일어나사'는 히브리어로 '쿰마 야훼'(יְהוָה קוּמָה), 광야에서 행군을 시작할 때 신호로 쓰였던 외침이지만 지금은 너무 좋아서 외치는 찬양이다. 아버지 다윗 왕이 법궤를 모실 때 너무 좋아서 온 이스라엘 족속들과 함께 누렸던 그 기쁨과 흡사하다. 그때 다윗은 여호와 앞에서 힘을 다하여 춤을 추었다(삼하 6:14-15). 아마 전통춤으로 시작했다가 막춤으로 발전했던 모양이다. 그래서 미갈이 족보에도 없는 그 춤(?)을 보고 심중에 다윗을 업신여겼다. 다윗은 온 이스라엘 족속과 함께 즐거이 환호하고 나팔을 불며 여호와의 궤를 모셨다. 얼마나 힘을 다하여 춤을 추었으면 아랫도리가 다 내려가 알몸이 드러나기까지 했을까? 그런데 기억하라. 이게 바로 예배다. 품위 있는 예배가 중요한 게 아니라 예배는 감격이어야 한다.

미갈은 다윗 왕에게 "방탕한 자가 염치없이 자기 몸을 드러내는 것처럼 계집종 눈앞에서 몸을 드러냈다"며 핀잔을 주지만 예배는 기쁨으로, 그것도 넘치는 기쁨으로 드려야 한다. 다윗이 그랬다.

"이는 여호와 앞에서 한 것이니라 그가 네 아버지와 그의 온 집을 버리시고 나를 택하사 나를 여호와의 백성 이스라엘의 주권자로 삼으셨으니 내가 여호와 앞에서 뛰놀리라 내가 이보다 더 낮아져서 스스로 천하게 보일지라도 네가 말한바 계집종에게는 내가 높임을 받으리라"(삼하 6:21-22)

핀잔을 듣고도 "난 괜찮아"(That's OK), 더 낮아지고 천해 보여도 "난 괜찮아" 그런 것이다. 반면에 남의 예배를 함부로 말한 미갈은 어떻게 되었나?

"그러므로 사울의 딸 미갈이 죽는 날까지 그에게 자식이 없으니라"(삼하 6:23)

하나님의 사람을 함부로 판단하고, 예배를 함부로 판단하면 안 된다는 강력한 경고였다.

시편 132편 시에서도 key word 중 하나가 '즐거이'다. 9절과 16절에서 "주의 성도들은 즐거이 외칠지어다"를 반복해서 선포했다. 역대상 29장에서 다윗과 백성들이 성전을 위해 예물을 드리는 모습을 보면 "자원하여, 힘을 다하여, 즐거이"라는 표현이 연이어 등장한다. 그들은 예물 드리는 게 즐거웠다. 여러 번 그런 모습이 보이지만 17절에 보면, "내가 정직한 마음으로 이 모든 것을 즐거이 드렸사오며, 이제 내가 또 여기 있는 주의 백성이 주께 즐거이 드리는 것을 보오니 심히 기쁘도소이다"라고 고백한다.

순례자의 노래

드림은 기쁨이어야 한다. 억지로 하지 말고, 마지못해 하지 말고 기쁨으로!!! 이 말에 은혜(?)받고 "나 지금 안 기쁘니 안 드려도 되겠네"가 아니라 드리는 게 기쁨이 되어 더 많이 드리고 싶다는 소원을 가져보라. 그게 복된 인생이 되는 비결이다.

그리고 9절에 보면, "주의 제사장들은 의를 옷 입고 주의 성도들은 즐거이 외칠지어다"라고 선포한다. 솔로몬은 제사장은 물론 모든 주의 성도와 함께 기쁨을 누리고 싶어 했다. 개인 예배나 코로나 이후에 생긴 온라인 예배와 현장에서 성도들과 함께 드리는 예배는 차이가 크다. 가족들과 함께, 그것도 앞자리에 앉아 기쁨으로 예배하는 행복한 예배자가 되어야 한다.

약속 믿고 기다리는 예배

어느 교회 담임목사는 아버님을 모시고 함께 살았는데, 예배 시간마다 앞자리에 앉으시는 아버님이 자주 주무시는 바람에 교인들 앞에서 민망한 상황이 반복되었다. 목사님은 고민 끝에 초등학생인 아들에게 부탁했다. "예배 시간에 할아버지 옆에 앉아서 주무시면 깨워드려라. 그러면 한 주에 천 원을 줄게." 그 약속은 몇 주간 잘 지켜졌다. 그런데 어느 주일, 아버님이 또 예배 중에 주무시는데 아들이 깨우지 않았다. 저녁에 목사님은 아들에

게 화를 내며 따졌다. "너 왜 약속 안 지켰니?" "할아버지랑 약속
했기 때문이에요." "무슨 약속?" "안 깨우면 2천 원 주신다고 하
셨어요." 약속에도 더 좋은(?) 약속이 있는 법이다.

예배하던 시인은 하나님을 진심으로 사랑했던 다윗과 맺은
하나님의 언약을 떠올린다. 바로 '다윗의 언약'이다. 시인은 그 언
약에 근거해 축복을 베풀어 주시기를 기대한 것이다.

> "여호와께서 다윗에게 성실히 맹세하셨으니 변치 아니하실
> 지라 이르시기를 네 몸의 소생을 네 위에 둘지라 네 자손이
> 내 언약과 저희에게 교훈하는 내 증거를 지킬진대 저희 후
> 손도 영원히 네 위에 앉으리라 하셨도다"(11-12절)

이는 다윗 왕조를 영원히 견고케 하시겠다는 하나님의 약속!
시인은 그 약속을 믿었다.

하나님과 이스라엘 사이에 맺어진 언약은 크게 두 가지로 나
뉜다. 시내산 언약과 다윗의 언약이다. 시내산 언약은 이스라엘
이 율법을 지키면 복을 받게 하시겠다는 조건부 언약이다. 율법
을 지키는 자에게 하나님께서 이스라엘의 하나님이 되어 보호하
시겠다는 약속이다. 선지자들은 이 시내산 언약을 근거로 축복
과 저주를 선포했다. 대표적인 예가 신명기 28장이다.

반면에, 다윗의 언약은 왕이 잘되면 백성도 잘된다는 원리에

기반한 언약이다. 이름은 '다윗의 언약'이지만, 실상은 이스라엘 전체를 향한 축복이다. 다윗 왕조가 영원히 이어지도록 하겠다는 하나님의 약속이다. 12절에 "교훈과 증거를 지킬진대"라고 조건이 언급되지만, 본질적인 초점은 여기에 있는 게 아니다. "네 집과 네 나라가 네 앞에서 영원히 보전되고 네 위가 영원히 견고하리라"(삼하 7:16). 시내산 언약이 조건부 언약이라면 다윗의 언약은 무조건적 언약, 아무 조건 없이 무조건 지키고 보호하시겠다는 일방적 약속이다.

이런 이유로 쿠데타가 반복되었던 북왕국 이스라엘과 달리 남왕국 유다는 다윗의 단일 왕조가 유지되었다. 바벨론 포로기나, 이후 왕위에 끊긴 시기에도 유다 백성은 다윗의 언약을 붙잡고 기도했다. "다윗 왕조를 영원히 견고케 하신다는 약속을 믿습니다. 속히 회복되게 하여 주옵소서."

10절과 17절의 '주의 기름 받은 자'는 히브리어로 '메시아'다. 순례자들은 예배 중에 메시아 신앙이 생긴다. 위기 때마다 다윗과 같은 메시아를 기다린 것이다. 기억하라. 신앙은 기다림이다. 예배 역시 주님의 임재를 기다림으로부터 시작된다. 재미있는 것은 11~18절까지의 내용이 1~10절까지의 내용과 대칭을 이룬다는 것이다.

1~10절		11~18절	
2절	"그가 여호와께 맹세하며" **다윗의 맹세**	11절	"여호와께서 다윗에게… 맹세하셨으니" **하나님의 맹세**
8절	"평안한 곳으로 들어가소서" **외침**	14절	"이는 내가 영원히 쉴 곳이라 내가 여기 거주할 것은 이를 원하였음이로다" **응답**
9절	"주의 제사장들은 의를 입고 주의 성도들은 즐거이 외칠지어다" **외침**	16절	"내가 그 제사장들에게 구원을 옷 입히리니 그 성도들은 즐거이 외치리로다" **응답**

그리고 15~18절까지 나오는 '내가'는 하나님이시다. "내가 이 성의 식료품에 풍족히 복을 주고 양식으로 그 빈민을 만족케 하리로다"(15절). 하나님이 우리 미래를 책임지신다는 말씀이다. 나라의 미래가 어둡다. '대한민국 소멸 위기'라는 표현이 잦아지고 있다. 이럴 때일수록 예배에 집중해야 한다.

왜냐하면 하나님께서 "내가 그의 원수에게는 수치를 옷 입히고 그에게는 왕관이 빛나게 하리라"(18절)고 하셨기 때문이다. 우리를 공격하는 원수들은 수치를 당하고, 우리에게는 다윗의 모든 축복이 함께하는 것, 우리 머리에는 빛나는 왕관이 있다. 기억하라. 우리는 거룩한 예배자다! 우리의 미래는 전적으로 하나님의 손에 달려 있다. 그래서 예배 성공이 곧 인생 성공이다. 예배에 집중하라. 그러면 "나를 존중히 여기는 자를 내가 존중히 여기고 나를 멸시하는 자를 경멸하리라"(삼상 2:30)는 말씀대로 될 것이다. 예배가 기쁨이 되기를 축복한다.

연합에 감탄한 노래

시편 133편 강해

얼마나 멋진가
얼마나 아름다운가
형제자매들이 어울려 지내는 모습!
아론의 머리에 부은 값진 기름이
머리와 수염을 타고
그의 수염을 타고
그의 제사장 예복 깃을 타고
흘러내리는 모습 같구나
헤르몬 산의 이슬이
시온의 비탈길을 따라
흘러내리는 모습 같구나
그렇다
그곳이 하나님께서 복을 내리시고
영생을 베푸시는 현장이다

(시편 133:1-3 Message 성경)

친정 온 사람의 얼굴과 시댁 온 사람의 얼굴은 다르다. 불편함이 싫기 때문이다. 그렇다면 교회에 올 때 우리의 표정은 어떨까? 친정 온 사람의 표정일까? 아니면 시댁 온 사람의 표정일까? 시편 133편의 배경이 된 이스라엘 민족공동체의 표정은 친정 온 사람들의 표정 그 이상이었던 것 같다. 내용이 참 행복하다. 우선 짧아서 행복하고(?), 너무 아름다워서 읽기만 해도 행복하다. 마치 나태주 님의 시를 읽는 느낌이랄까? 읽거나 노래하는 사람을 행복하게 만드는 다윗의 시다.

나태주 시인의 '행복'이라는 시는 말 그대로 행복을 노래한 시다.

"저녁때
돌아갈 집이 있다는 것, 힘들 때
마음속으로 생각할 사람 있다는 것, 외로울 때
혼자서 부를 노래가 있다는 것"

다윗은 성전에 모여든 사람들의 모습을 보는 것만으로도 행복하다. 바라보는 방향과 가고자 하는 방향이 같은 사람들, 파장과 주파수와 결이 맞는 사람들이랄까? 같은 목적을 품고 모인 사람들이며, 함께 하나님께 예배드리겠다는 일념으로 달려온, 예배를 위해 연합한 사람들이기 때문이다. 시편 133편을 "연합에 감탄한 노래"라는 제목으로 불러 본다.

연합하여 드리는 예배

시는 "보라 형제가 연합하여 동거함이 어찌 그리 선하고 아름다운고"(1절)라는 감탄으로 시작된다. '같이의 가치'를 아는 사람들의 연합이 얼마나 아름다운지를 노래하는 것이다.

형제가 밤낮 다투고 으르렁거리며 산다면, 사이가 나빠 서로 왕래도 하지 않고 지낸다면, 소 닭 쳐다보듯 하며 무관심하게 산다면 그것은 참으로 불행한 일이다. 두 편으로 갈라졌던 광화문의 집회 모습과는 사뭇 다른 하나 된 공동체의 모습이다.

2년 전에 소천되신 인천순복음교회 최성규 목사께서는 유난히 '하모니'(harmony)를 강조하셨다. 그분은 우리말 성경에는 이 단어가 시편 133편에 딱 한 번 등장하지만, 영어 성경에서는 그 의미가 풍성하게 드러난다고 말씀하셨다. 실제로 1996년 Living

Bible의 후속으로 출간된 NLT 성경(New Living Translation Bible)에는 하모니라는 단어가 시편 133편 1절부터 3절까지 매절마다 등장한다. NLT성경 번역으로 읽으면 다음과 같다.

> "형제가 하모니를 이루며 함께 사는 것이 얼마나 경이롭고 즐거운가 이 하모니는 아론의 머리 위에 부어져 그의 수염과 옷과 흘러내리는 기름과 같이 귀하다 하모니는 시온산으로 흘러내리는 헐몬 산의 이슬처럼 상쾌하다. 거기서 주께서 그분의 은총 곧 영원한 생명을 선포하셨다"

현대 구어체 영어로 번역되어 좋게 말하면 쉽게 읽히고, 나쁘게 말하면 가벼운 느낌이 난다는 평가가 따르지만, 제임스 이넬 패커(J.I. Packer) 박사는 NLT Bible을 "지금까지 세상에 나온 번역 중 가장 표현이 매끄럽고, 가장 성공적으로 번역된 성경"이라 했다. NLT Bible에서 특별히 강조한 하모니, 이 하모니는 다윗이 감탄한 정도가 아니라 하나님이 기뻐하시는 핵심 단어(key word)다.

새번역에서는 "그 얼마나 아름답고 즐거운가! 형제자매가 어울려서 함께 사는 모습!"이라고 표현했다. 여기서 '아름답다'는 말은 하나님께서 창조하신 세상을 바라보며 연이어 외치시던 '좋았더라'와 같은 단어(창 1:4, 1:12), 곧 하나님의 뜻이 이루어지는 아름다움이다. 그리고 '즐겁다'는 것은 결혼 잔치 같은 최고조의

흥겨움을 나타낸다. 가인과 아벨, 이스라엘 지파들, 다윗의 자녀들 사이에는 피의 제전이 벌어졌지만, 시편 133편에서는 형제자매가 연합한다. 그 연합은 예루살렘 예배 공동체에서 실현된 것이다.

흩어져 살면서 단절됐던 관계, 깨졌던 하모니가 다시 회복된 모습은 참으로 아름답다. 관계가 살아난 아름다움, 좋은 공동체 안에서 좋은 사람들과 사귀는 조화와 화목은 최고의 자산이다. 또 좋은 신앙 공동체, 구성이 좋은 교제권 형성은 최고의 축복이다. 다윗의 눈앞에 모인 관계를 회복한 이스라엘, 하모니를 이룬 공동체의 모습이 장관이었다. 그 모습을 보는 다윗의 마음은 한마디로 감동이다.

유럽 통합의 아버지로 불리는 프랑스의 장 모네(Jean Monnet)는 1차 세계대전 전 영국으로 유학을 떠나기 전, 아버지로부터 "영국에 가거든 책을 싸 오지 말고, 그 나라 사람들과 사귄 우정을 가지고 돌아오라"는 당부를 받았다. 아버지의 말씀대로 그는 대인관계에 집중했고, 이를 통해 프랑스 정부를 개혁하고 유럽을 통합했다. 관계는 성공의 핵심이다.

우리나라가 혼란에 빠진 가장 큰 원인은 권력에 대한 욕심과 더불어 '관계'가 깨졌기 때문이다. 정치도 결국 관계인데 우리는 관계가 깨지는 소리를 너무 자주 듣는다. 각성해야 한다. 관계가 깨지면 모든 것이 무너질 수밖에 없기 때문이다.

시편 133편의 하나님의 백성들의 모습은 연합의 모습이다. 실현되기 어려운 영적 과제였지만 연합하는 모습이 너무나 아름답고 고귀하다. 이스라엘 사람들은 1년에 세 차례 명절 때마다 성도 예루살렘에 모여 함께 동거하며 즐거운 축제를 즐기는 민족으로, 각 지방에 흩어져 살던 사람들이 다 한 곳으로 몰려와 함께 머물며 교제했다. 목적이 같은 사람들이라 금방 친해진다. 다윗은 예루살렘 궁전에서 창밖을 내다보다 광장에 모인 수많은 사람의 축제적 사귐의 풍경을 보면서 시상이 떠올라 이 노래를 불렀다. 1절을 유진 피터슨(Eugene H. Peterson)이 번역한 메시지 성경(Message) 버전으로 읽어 본다.

"얼마나 멋진가, 얼마나 아름다운가. 형제자매들이 어울려 지내는 모습!"

이 시는 단순히 '가정의 화합'을 노래한 것이 아니다. 대제사장 아론의 대관식과 시온의 복이 언급된 것을 보면, 이스라엘 공동체에 대한 깊은 감탄이다. 순례자는 먼 길을 힘들게 걸어 예루살렘 성전에 도착했다. 보고 만지는 성전의 모든 것이 다 너무 성스럽고 아름답다. 성전은 이미 많은 순례자로 북적인다. 한쪽에서는 제사의 향이 오르고, 다른 쪽에서는 삼삼오오 둘러앉아 화목제물을 나눠 먹는다. 열두 지파가 다 골고루 모였다. 이스라엘의 이름으로 모인 형제자매들, 그들이 연합하여 예배를 드리는 것이다.

성령의 기름 부으심이 있는 예배

다윗은 성도들의 연합과 모임의 아름다움을 두 개의 상징어로 감격했다. 첫째는 '기름'이다. "머리에 있는 보배로운 기름이 수염 곧 아론의 수염에 흘러서 그의 옷깃까지 내림 같고"(2절). 다윗은 그 기름을 '보배로운 기름'(precious oil)이라 했다. 제사장 임명식을 떠올리며 아론이 제사장으로 안수받을 때 머리에 부어진 기름이 수염을 타고 허리춤까지, 옷깃까지 흘러 내려오는 광경을 연상하며 감탄한다. 향기가 진동하고 빛이 나는 영광스러운 모습이다.

기름은 성령의 임재, 성령 강림의 상징이다. 제사장이 되는 사람의 머리에 기름을 붓는 행위는 성령의 능력과 은사가 임하는 성령의 기름 부으심을 상징한다. 초대교회 당시 120명의 성도가 마가 다락방에 모여 기도하며 교제할 때 성령의 기름 부으심이 임했다. 죄를 씻고, 거룩한 자 되게 하는 성령의 기름 부으심이었다. 사도행전에 보면 성령 강림과 기름 부으심은 언제나 성도들이 모일 때 이루어졌다. 사마리아 성읍에서도, 고넬료의 집에서도, 아볼로의 집에서도, 안디옥 교회에서도 함께 모여 기도할 때 성령이 임하셨다.

가족들이 함께 모여 동거할 때, 성도들이 함께 모여 교제할 때, 그곳에 성령의 기름 부으심이 있기를 바란다.

성경에서 기름 부음은 사랑의 표현이며, 축복의 사인이자 권위의 상징이었다. 기름은 상처나 염증의 치료제와 감염 예방제였다. 그래서 목자는 양떼를 위해 아마유와 유향을 섞은 기름을 준비해 수시로 양의 머리에 발라준다. 성령의 기름 부으심으로 예배 중에 치유의 역사와 회복의 역사가 일어나기 바란다.

그리고 중동 지역에서는 손님을 초대할 때 머리에 기름을 발라주는 관습이 있었다. 먼지가 많은 지역이기에 기름을 바르면 먼지가 씻기고 윤기가 나기 때문이기도 하지만, 더 중요한 의미는 귀한 손님으로 인정하고 정중하게 환영한다는 뜻이다. 구약에서 왕과 선지자, 그리고 제사장에게 기름을 붓는 행위는 권위의 상징이기도 하지만 '하나님의 인정'을 의미했다. 하나님이 인정하시는 예배, 죄인이 아니라 의인으로, 천덕꾸러기가 아니라 사랑받는 하나님의 자녀로 나를 인정해 주는 예배, 그래서 이 시간이 가장 행복한 시간이다.

예수님이 시몬이란 바리새인의 집에서 식사하실 때 마리아가 향유 옥합을 깨뜨려 예수님께 부어드린 것은 사랑의 표시였다. 시몬은 못마땅해했고, 가룟유다는 비싼 향유를 낭비했다고 마리아를 나무랐지만, 예수님은 손님을 초청하고도 입 맞추지 않고 발 씻을 물도 주지 않았으며, 머리에 감람유도 붓지 않았다고 시몬을 책망하셨고, 가룟유다보다 마리아의 편을 들며 칭찬하셨다.

마태와 마가는 마리아가 예수님의 머리에 기름을 부었다고 기록했고, 요한은 예수님의 발에 부었다고 했는데, 머리와 발 두 곳에 다 부었을 수도 있고, 머리에 부은 것이 발로 흘러내렸을 수도 있다. 만일 머리에 기름을 부었다면 "당신은 나의 왕이십니다"라는 고백으로 보고, 발에 기름을 부었다면 "당신의 종입니다"라는 고백으로 보면 된다. 기름 부으심이 있든 기름을 부어드리든 둘 다 은혜다. 우리 예배가 성령의 기름 부으심이 있는 예배가 되기를 바란다.

영생의 복이 이슬처럼 임한 예배

다윗은 성도들이 예루살렘 광장에 함께 모여 연합하는 아름다움을 두 가지 상징어를 쓰며 감격했는데, 두 번째는 '새벽이슬'이었다.

"헐몬의 이슬이 시온의 산들에 내림 같도다"(3절)

다윗은 축복의 광경을 산 정상에서 내려오는 아침 이슬(dew)로 묘사했다. 이스라엘, 시리아, 레바논 세 나라 국경이 맞물려 물 확보를 위한 각축장이 되기도 하는 헬몬 산의 이슬은 상상을 초월할 정도로 풍부하여 그 '이슬'을 은혜와 축복, 생명의 상징으로 여겼기 때문이다. 모세는 죽기 전 요셉 자손을 축복하며 이슬을 '하늘의 보물'(신 33:13)로 표현하기까지 했다.

다윗은 '내려온다'는 단어를 세 번이나 반복한다. 이스라엘 북쪽에 위치한 헬몬 산은 해발 약 3,000m로 이스라엘에서 가장 높은 산이다. 산이 높아서 1년 내내 눈이 쌓여 있으며, 아랍어로는 '눈의 산'('예벤 엘 탈리')과 '잿빛 머리털의 산'('에벨 엘-세이크')으로 불린다. 이 산의 물이 요단강의 수원이 되고, 갈릴리 호수와 사해로 흘러간다. 이스라엘 백성들은 헬몬 산에서 불어오는 바람을 타고 이스라엘 전역에 헬몬 산의 이슬이 뿌려진다고 믿었다. 이스라엘의 연평균 강수량은 500~800mm에 불과하지만, 이슬량은 연간 200mm에 달한다. 이 소리 없이 내리는 이슬을 먹고 땅이 옥토가 되고, 모든 동식물이 생명을 유지하며 번성한다.

물이 있는 곳에 생명이 자라듯, 형제자매가 연합하여 예배하는 곳에 생명의 역사가 일어난다. 생명의 풍성함은 홀로는 이루어지지 않는다. 홀로 있는 생명은 외로울 수밖에 없는데, 필자가 목회하는 교회가 소재한 인천 미추홀구에는 1인 가구가 45%나 된다고 한다. 이제는 1인 가구를 위한 선교전략을 세워야 할 때다. 장작도 혼자 있으면 금방 꺼지지만 함께 모으면 활활 타오르는 것, 그러므로 왕따나 소외나 차별은 죄악이다. '학 다리가 길다고 자르지 말라'는 말이 있다. 긴 데는 이유가 있고, 나름의 쓸모가 있기 때문이다. 연약한 지체를 공격하고 제거하면 결국 공동체 전체가 죽게 되는데, 우리 사회에서는 너무 빈번하게 이런 현상이 벌어진다.

마음에 안 든다고 자르고, 배신자라고 따돌리고, 말 안 듣는다고 제거하려는 온갖 악행들, 이런 죄악들이 나라를 어지럽게 하고 있다. 잊지 말아야 할 것은 인간 최초의 죄가 하나님을 피해 나무 뒤에 숨어 하나님과 결별(separation)한 것부터였다는 것이다. 두 번째 죄 역시 가인이 아벨을 시기하고 질투하여 죽음의 결별을 맞이한 것이다. 결별에는 은혜가 없다. 그저 관계가 깨진 것, "뭉치면 살고 흩어지면 죽는다"는 자세로 다시 관계를 회복해야 한다.

교회도 마찬가지다. 모여야 역사를 경험하고, 모여야 부흥을 이룬다. 그렇다면 모이는 일에 열심을 품어야 한다. 소그룹 모임이 더 활성화되어야 한다. 한마음으로 모여 연합하면 하늘의 은혜가 헐몬 산의 아침이슬처럼 내려올 것이다. 메마른 황무지에도 살아나는 생명의 축제가 열릴 것이다.

다윗은 성도의 연합과 교제, 이 축제를 두 개의 큰 주제로 노래한다. 바로 연합의 아름다움(beauty of unity)과 연합의 축복(blessing of unity)이다. 한마음 한뜻으로 즐겁게 잘 모이면 하나님이 아름답게 보시고(1절), 풍성한 복을 아침이슬 내리듯 부어주신다고 했다. 이것이 영생의 복이다. 3절에 보면 "거기서 여호와께서 복을 명령하셨나니 곧 영생이로다." 거기는 시온이고, 오늘날의 시온은 교회다. 교회를 중심으로 연합하면 하나님이 복 주신다. 다윗은 '여호와께서 복을 명령하셨다'고 한다. 여기서 '복'은 히브리어로 '올람'(עולם), '끊어지지 않는 영원한 삶'을 의미하며, 헬라어 70인역 성경은 '조에 아이오노스'(ζωη αιωνος)로 번역했는데, 이는 요한복음의 '영생'이라는 단어와 동일하다.

아직도 그저 죽어서 가는 곳이 천국이라고 생각하는가? 그렇지 않다. 천국, 곧 영생은 이생과 저생 모두에서 누리는 것으로, 이 땅에서도 누려야 한다. 서로 다툼이 없는 화목한 공동체, 연합이 잘 이루어지는 바로 그곳이 천국이다. 먹을 것을 차별 없이 나누고, 각자가 자기의 역할을 하며, 그 역할의 소중함을 자기나 다른 사람이 피차 인정하는 공동체, 좀 부족해도 서로가 만족하며 격려하는 곳, 서로 사랑으로 돌보고 짐을 나누어지는 관계 중심의 사랑의 공동체, 그곳이 바로 천국이다.

천국을 사는 행복, 이래도 이 다음에 천국 가서나 누릴 생각인가? 이 땅에서부터 누려야 한다. 예배 중에 누리고, 예배 후에도 누려야 한다. 바쁜 일정을 멈추고 하나님의 보좌를 향해 발걸음을 내딛는 예배자들, 함께 모여 예배하는 모든 예배자 위에, 세상 풍파 잘 이기고 영생의 복이 흘러넘치기를 축복한다.

15

밤새 부른 해피송

시편 134편 강해

와서 하나님을 찬양하여라
너희 모든 하나님의 종들아!
하나님의 집에서 밤새도록 일하는 너희 하나님의 제사장들아
성소를 향해 손을 들고 찬양하여라
하나님을 찬양하여라
그리하여 하늘과 땅을 지으신 하나님
시온의 하나님께서 너희에게 복을 주시기를!

(시편 134:1-3 Message 성경)

최대복 목사의 『예배에 목숨을 걸라』는 책이 있다. 그는 성도 200명에 불과한 교회에서 몇 년 만에 15,000명의 대형 교회로 성장하는 데에 결정적인 역할을 한 것이 예배였다고 한다. 건성으로 드리는 예배, 자리만 채웠다가 돌아가는 예배가 아니라 간절하게 하나님의 은혜를 사모하며 온 마음을 다해 드리는 예배, 성도들이 예배에 목숨을 걸면서 신앙이 뜨거워지고 메마른 심령이 살아나고 무기력한 심령이 새 힘을 얻고 교회가 부흥하더라는 것이다.

이 교회는 예배에 조금만 늦어도 예배당에 들어갈 수 없다. 하나님 만나려고 오는 사람이 어슬렁거리며 오는 것은 은혜를 사모하는 태도가 아니기에, 그런 사람에게는 예배당 문을 닫았다. 그래서 성도들은 미리 나와서 기도로 예배를 준비한다. 예배에서 은혜받지 못하면 한 주간 세상에서 승리할 수 없다고 믿고 예배에 목숨을 건 것이다. 그렇다. 그들에게 예배는 허기진 영혼에 양식을 공급하는 영혼의 식탁이자 생명의 통로, 변화와 충전의 시간이다. 하나님께 사랑을 쏟고, 말씀대로 살려고 몸부림치는 그들의 열정을 배워야 한다.

묻는다. 예배가 생명줄이 맞는가? 영혼의 식탁이 맞는가? 명심하라. 예배가 밥이다. 그래서 거를 수 없다. 또 예배가 탯줄, 생명의 통로다. 용광로처럼 모든 근심을 녹이는 기도와 모난 곳을 날선 검처럼 도려내는 말씀과 천군 천사의 소리처럼 심령을 뛰놀게 하는 찬송, 그리고 고독을 물리치는 성도의 교제가 있는 예배, 생명을 유지하는 영적 종합 비타민 같은 예배, 그래서 예배에 목숨을 걸 가치가 있는 것이다.

시편 134편에도 오직 예배가 답이라는 사실을 아는 사람들, 밤에도 예배를 위해 성전에 서 있는 사람들이 나온다. 예배를 존재의 이유이자 목적으로 여기고, 삶의 구심점이자 원동력으로 여기며, 예배에 목숨을 걸고 먼 길을 달려온 순례자들이다. 이제 그들에게는 성전에 머물 시간이 얼마 남지 않았다. 축제의 마지막 밤, 성전을 떠나는 게 너무 아쉬워서 밤에도 성전을 찾을 수밖에 없었다.

'밤'이란 단어가 시선을 끈다. 원래 구약시대에는 정기적인 밤예배가 없었기 때문이다. 그런데 늦은 밤까지 철야하며 성전을 지키는 무리가 있었다. "밤에 여호와의 집에 서 있는 여호와의 모든 종들아"(1절), 이사야 30장에서는 "너희가 거룩한 절기를 지키는 밤에 하듯이 노래할 것이며"(29절)라고 했는데, 순례자들이 밤새 여호와를 송축한 것이다.

심장이 쉬지 않고 피를 뿜어내듯 우리 영혼의 심장이 기도와 찬양을 쉴 새 없이 뿜어내는 교회! 그래서 순례자들이 하나님을 향한 사랑과 찬양으로 뜨거웠던 바로 그날 밤 예루살렘 성전처럼, 우리 교회가 생명 에너지가 충만하고, 은혜로 행복한 교회 되기를 기대하며, 시편 134편을 "밤새 부른 해피송"이라는 제목으로 불러본다.

여호와를 송축하는 행복

시편 134편도 133편처럼 3절밖에 안 되는 짧은 시다. 그러나 짧아도 아름다울 뿐만 아니라 예배의 부름과 설교, 그리고 축도를 갖춘, 깊은 심오함이 담긴 시다. 1~2절은 순례자들이 야간 근무자인 제사장과 레위인들을 향하여 외친 것이고, 3절은 성전을 떠나는 순례자를 향한 제사장의 축도로 보인다. 교독문처럼 교송으로 이해하면 된다. 시는 "보라"(Behold)라는 말로 시작된다.

> "보라 밤에 여호와의 집에 서 있는 여호와의 모든 종들아 여호와를 송축하라"(1절)

시인에게 송축은 기쁨이고 행복이다. 그래서 함께 "여호와를 송축하자"고 한다. 얼마나 행복한지 2절에도 "여호와를 송축하라"고 또 선포한다. 이 '송축하라'는 단어는 3절에 언급된 '복'과 똑같은 '바라크'(ברך)라는 단어, 이 단어는 '복'이라는 뜻으로 시편에 가장 빈번하게 등장하는 단어 중 하나다. 영어 번역본에 보면 "bless the LORD", "bless you"로 번역했다. "하나님을 축복하라" "당신을 축복해요"라는 말, 하나님이 축복하신다는 게 아니라 하나님을 축복한다는 말이다. 우리가 흔히 쓰는 말이 아니다.

시편 95편에 보면 "오라, 우리가 굽혀 경배하며 우리를 지으신 여호와 앞에 무릎을 꿇자"(6절)는 말씀이 나오는데, "무릎을 꿇자"가 '바라크', 상대방의 능력이나 지위를 인정한다는 뜻이다. 그렇다면 "인간이 하나님을 바라크 한다"는 것은 '하나님의 능력과 위대함을 인정한다'는 말이다. 따라서 '여호와를 송축'한다는 것은 "하나님은 위대하십니다", "하나님은 능력이 있으십니다"라는 찬양이다. 물론 우리가 기대하는 대로 "하나님은 인간을 바라크 하시는 분"이다. 하나님이 복을 주시는데 그 복은 능력, 위대함의 복이다. 그렇다면 우리의 찬양은 존귀함이고 승리이며, 충만함이자 탁월함이다.

시인은 이어서 하나님이 어떤 분이신지를 노래한다.

"천지를 지으신 여호와께서 시온에서 네게 복을 주실지어다"(3절)

순례자의 노래

찬송의 대상이신 하나님을 '창조주 하나님'이시라고 한다. 하늘과 땅을 지으신 하나님, 세상에 존재하는 모든 것의 근원이시다. 기억하나? 시편 8편에서 다윗이 불렀던 행복의 노래, "주의 영광이 하늘을 덮었나이다"(1절). 다윗은 하늘을 바라보며 경탄했다. 비 온 뒤 사람들을 부르는 무지개, 해 질 무렵 붉게 물들어 타는 듯한 저녁노을, 황혼과 함께 밀려와 밤하늘을 밝혀주는 친구 같은 달, 그리고 반짝반짝 웃으며 손짓하는 빛나는 별들을 바라보며 행복에 젖어 노래했다.

♬ 주의 손가락으로 만드신 주의 하늘과
주께서 베풀어 두신 달과 별 내가 보오니…♬

다윗은 기가 막히게 아름다운 자연을 만드신 하나님을 찬양했다. 그 영향일까? 미켈란젤로(Michelangelo)는 천지창조에 감동받고 4년 동안 눕거나 뒤로 버틴 채 시스틴 성당의 천장화를 그렸다. 얼굴에 무수히 회반죽이 떨어지는 것을 감수하며 프레스코화(Fresco)를 완성한 것이다. "사람이 무엇이기에 주께서 그를 생각하시며 인자가 무엇이기에 주께서 그를 돌보시나이까"(시 8:4). 하나님의 돌보심을 믿고 부르는 찬양, 이제 곧 성전을 떠나도 케어해 주실 것을 확신하며 올려드리는 찬양이다. 우리도 순례자들처럼 해피송을 부르며 살아야 한다.

손을 들고 송축하는 행복

시인은 "성소를 향하여 너희 손을 들고 여호와를 송축하라"(2절)고 한다. 예배드리라는 것이다. 창세기에 보면 역사가 예배에 의해 갈라진다. 농사꾼인 가인은 땅의 소산을 재물로 예배드렸고, 목동인 아벨은 양의 첫 새끼와 그 기름을 제물로 예배드렸다. 그런데 하나님이 아벨의 예배만 받으신다. 이유는 하나님이 삶을 보시기 때문이다. 예배 후 가인은 하나님께 화를 낸다. 교만했다. 또 그는 예배 실패의 책임을 동생에게 전가하고, 증오심으로 동생을 죽인다. 삶과 예배의 태도에 문제가 있었던 것이다. 반면에 아벨의 예배는 히브리서에 보면 믿음의 예배로 평가된다. 결국 아벨은 예배 성공으로 순교자가 되고, 가인은 예배 실패로 동생을 죽이는 살인자, 방랑자가 된다.

그 결과 가인은 자손들까지 버림받는다. 가인의 후손 라멕은 두 아내를 취한 음란한 사람의 조상이다. 후손들 중에 구원을 이룬 사람이 없다. 제사도 없다. 반면에 아벨을 대신해 이어지는 셋의 자손 가운데서 노아가 나오고, 아브라함이 나온다. 인류 구원의 길이 열리고, 아브라함은 복의 근원이 된다. 그 축복이 이삭과 야곱으로, 요셉으로 이어지며 심히 창대케 되고, 이어서 모세가 나오고, 여호수아가 나온다. 한 사람도 예배와 끊어진 사람이 없다. 그 후손들이 계속 예배 중심으로 살면서 예수님까지 계보가 이어진다.

예배 성공이 사람의 운명을 결정한다. 예배에 축복이 있다. 솔로몬은 왕이 되면서 첫 번째로 한 일이 기브온으로 올라간 것이다. 취임 파티나 찾아오는 사람들을 만나려고 간 것이 아니다. 그는 기브온에서 일천번제를 드렸다. 하나님 앞에 예배를 드린 것이다. 그 모습에 감동하신 하나님께서 예배가 상달되었다며, 소원을 물으신다. 솔로몬이 지혜를 구하자 그에게 지혜는 물론, 부귀영화를 누리게 하신다.

예배는 행복의 디딤돌이다. 그렇다면 자세가 중요한데, 134편 시인은 너무 행복해서 "성소를 향하여 너희 손을 들고 여호와를 송축하라"고 외친다. 손을 드는 행동, 시편에서는 주로 기도하는 자세다. 시편에서의 기도는 '찬양한다', '예배한다'는 의미와 일맥상통하는 것이다. 그들은 여호와 하나님의 임재를 상징하는 성소를 향해, 하나님을 향해 '손을 들고' 송축한다. 손을 든 것은 기쁨과 평화의 표시다. 그런데 언제부턴가 찬양의 기쁨이 하나님께 있지 않고 마치 우리의 즐거움에 있는 것 같더니, 결국 사람들은 기쁨과 평화를 상실하고 산다. 그래서 현대인들은 영적으로 궁핍하다. 손을 들어야 한다. 손을 들면 회복이 가능하기 때문이다.

출애굽기 17장에 보면 이스라엘 백성들이 광야에서 가나안으로 갈 때 아말렉 족속이 길목을 막는다. 전쟁이 벌어진다. 그런데 모세가 산 위에서 손을 들고 기도하면 이스라엘 군사들이 이기고, 손을 내리면 아말렉이 이기는 전황이 펼쳐진다. 그래서 아론과 훌이 모세의 두 팔을 받쳐주며 모세로 하여금 두 손을 들고 기도하게 도와주면서 이스라엘이 아말렉을 물리친다(출 17:8-13). 손을 든 것이 승리를 불러온 것이다. 시편 63편에 보면 다윗은 평생 주님을 송축하며 손을 들겠다고 한다.

> "나의 평생에 주를 송축하며 주의 이름으로 말미암아 나의 손을 들리이다"(3-4절)

구원을 믿는 감사, 인도하심과 지켜주심, 소원성취를 확신하며 손을 들겠다고 한 것이다. 감사하거나 사랑하면 손을 들고, 간절하면 두 손 들어 표현하는 것은 자연스러운 것이다. "나는 아무것도 할 수 없다"는 겸손과 항복의 표시일 수도 있지만, 누구를 환영하는 표시일 수도 있다. 쌍수를 들고 주님을 환영하듯 손을 들고 송축하는 것이다.

지금은 위기의 때, 시편 88편에 보면 위기의 순간에 손을 들었다.

> "곤란으로 말미암아 내 눈이 쇠하였나이다 여호와여 내가 매일 주를 부르며 주를 향하여 나의 두 손을 들었나이다"(9절)

물에 빠진 베드로도 손을 들고 "살려주세요" 하고 소리쳤을 것이다. 손을 드는 것은 강력한 구조 요청이다. 우리는 손을 들어야한다. 다른 것 다 차치하고 하나님을 높이며 경배하는 의미로 손을 들어 보라. 어린아이가 두 손을 벌리고 아빠를 향해 달려가 아빠 품에 안기듯, 예수님의 예루살렘 입성 때 "호산나"를 외치며 두 손에 종려나무를 들고 흔든 것처럼 주님을 향한 열정을 보이는 것, 마음껏 손을 들고 송축하는 해피송을 불러야 한다.

여호와의 복을 누리는 행복

이제 시인은 "천지를 지으신 여호와께서 시온에서 네게 복을 주실지어다"(3절)라고 소리치며, 하나님이 주실 복 때문에 기쁨이 고조된다. '복'은 '송축'과 더불어 시편 134편의 핵심 단어(key word)이자 순례자의 최대 관심사이자 예배자인 우리의 관심사다. 아마 제사장이 순례자들을 위해 축도(benediction)를 했던 것 같다. "시온에서 네게 복을 주실지어다," 축복의 장소는 '시온,' 성전이 있는 시온은 성경에서 하나님의 발전소나 다름없다. 시온을 통해 하나님의 전능한 힘이 흘러나가기 때문이다.

어디를 가든 순례자들이 복을 누리길 원하는 마음으로 축도를 한 것인데, 기억할 것은 하나님이 예배자를 축복하신다는 것이다. 아브라함이 그랬다. 부름 받은 이후 한평생 예배 중심으로 산 아브라함, 그는 예배의 조상이 된다. 어디를 가든 단을 쌓고 예배부터 드렸다. 개역개정 성경으로 보면 "자기에게 나타나신 여호와께 그가 그 곳에서 제단을 쌓고"(창 12:7), " 그가 그곳에서 여호와를 위하여 단을 쌓고 여호와의 이름을 부르더니"(창 12:8), "아브람이 롯에게 이르되 우리는 한 친족이라 나나 너나 내 목자나 네 목자나 서로 다투게 하지 말자"(창 13:8). '단을 쌓았다는 것'은 '예배드렸다는 것'이다. 여기서 주목할 것은 '여호와를 위하여'라는 표현이다. 예배는 나를 위해 드리는 게 아니라 여호와를 위해 드리는 것이다.

기억하라. 독자 이삭까지 제물로 드리려 했던 아브라함은 철저한 예배의 사람이었다(창 22:9-10). 그래서 하나님께서 아브라함에게 복을 주신다. "하늘을 우러러 뭇별을 셀 수 있나 보라 또 그에게 이르시되 네 자손이 이와 같으리라"(창 15:5), "내가 내 언약을 나와 너 사이에 두어 너를 크게 번성하게 하리라"(창 17:1-2), "네가…네 아들 네 독자도 아끼지 아니하였은즉 내가 네게 큰 복을 주고 네 씨로 크게 성하여 하늘의 별과 같고 바닷가의 모래와 같게 하리니 네 씨가 그 대적의 성문을 차지하리라"(창 22:16-17).

이용규 선교사의 책, 『내려놓음』에 몽골 베르흐 지역의 예배 처소를 방문했을 때의 이야기가 소개된다. 주일 예배를 드리던 중 '별러르'라는 자매가 몸에 땀이 범벅이 된 채 교회에 들어왔다.

이 자매는 기도를 통해 듣지 못하던 귀가 열린 자매였다. 이 자매가 예배 몇 시간 전에 소를 잃어 찾기 위해 이리저리 뛰어다니다 예배 시간이 임박한 것을 알고, 소 찾는 것을 포기하고 말씀을 들으려고 예배처로 달려왔던 것이다. 몽골에서 소는 삶의 기반이자 재산목록 1호다. 소 한 마리가 보통 사람의 1년치 월급과 같은데, 믿은 지 몇 달 되지도 않은 자매가 예배를 위해 결단을 내린 것이다. 선교사는 이 결단이 부끄럽지 않게 해달라고 간절히 기도했다. 그런데 예배를 마치자 밖에서 소 울음소리가 들려왔다. 잃었던 소가 집이 아닌 예배 처소로 찾아온 것이다." 이거다. 소 찾는 기쁨보다 예배의 기쁨을 알고 예배를 선택했기에 소 찾는 기쁨과 예배의 기쁨, 모두를 얻었다. 예배의 문을 열면 하늘 문이 열린다는 것을 확인한 것이다.

그렇다. 시므온과 안나는 성전에서 기도하며 예배하다가 아기 예수님을 안고 찬양했고(눅 2:28, 눅 2:36,37), 고넬료는 기도하고 예배드리다가 성령 충만을 받았고, 루디아는 강변에서 기도하고 예배드리다가 바울을 통해 주님을 만나 유럽 복음화의 선구자가 되었다. 진정한 예배자가 되면 세상 끝날까지 하나님이 함께하시며, 풍성한 삶을 살게 될 것이다. 예배에 목숨을 걸라. 영원토록 해피송을 부르는 행복한 순례자 되기를 축복한다.

필그림스 노래방

"온 땅이여 여호와께 즐거운 찬송을 부를지어다
기쁨으로 여호와를 섬기며 노래하면서
그의 앞에 나아갈지어다
여호와가 우리 하나님이신 줄 너희는 알지어다
그는 우리를 지으신 이요 우리는 그의 것이니
그의 백성이요 그의 기르시는 양이로다
감사함으로 그의 문에 들어가며
찬송함으로 그의 궁정에 들어가서
그에게 감사하며 그의 이름을 송축할지어다
여호와는 선하시니 그의 인자하심이 영원하고
그의 성실하심이 대대에 이르리로다"

(시편 100:1-5)

성경은 구원의 책이자 찬양의 책이다. 홍해를 건넌 후 모세의 찬양(출 15장)으로부터 시작해 광야 시대 마지막 신명기에서 모세가 가나안 땅을 바라보며 노래한다(신 32장). 그 모습에 감동하셨을까? 하나님은 마지막 지시 때 "노래를 써서 자손들에게 가르치라"(신 31:19)고 하셨고, 모세는 말씀에 따라 "노래를 써서 자손들에게 가르치라"고 유언한다. 이어서 왕국 시대에 다윗은 왕이 된 후 우선적으로 추진했던 법궤 모시기 때 성가대를 만들어 찬양하고, 찬양을 위한 시편 쓰기에 앞장선다.

바벨론에 망하기 전 여호사밧 왕 때는 찬양대를 앞세워 전쟁에서 승리하고, 이스라엘 백성들은 바벨론이 망하면서 예루살렘 성전을 다시 세우고, 그 제2 성전에서 노래한다. 중간사가 지나고 예수께서 오시기 전에 헤롯이 성전을 짓지만, 예수님은 그 성전이 무너질 것이라고 예언하시고, 그 예언대로 AD 70년 그 성전이 무너지고 서쪽 벽만 남는다. 이름하여 '통곡의 벽,' '흥미로운 것은 성전의 역사와 찬양의 역사가 연결된다는 것이다. 찬양할 때는 나라가 부흥하지만, 찬양을 멀리할 때는 나라가 멸망한다.

이것이 이스라엘의 역사다.

주목할 것은 다윗 시대의 찬송이 주로 전문 찬양대원들이 부르고 회중은 그저 화답하는 정도였기에, 마르틴 루터는 "하나님은 성경으로 말씀하시고, 사람은 찬송으로 노래한다"며 회중 찬송을 만들어, 회중들이 직접 곡조있는 기도로 찬송할 수 있게 했다. 찬송은 기적을 부르는 능력이 된다. 그래서 어떤 이는 아예 "찬송은 나의 옷"이라 했다. 비록 한 뼘밖에 안 되는 작은 모음이지만, 찬송이 성경과 연결되는 것이 중요하다는 생각에 『순례자의 노래』를 묵상하며 부를 수 있는 노래 20곡을 모아놓았다. 순례자의 신앙과 여정을 묵상하며, 마음의 악기인 '심금'으로 찬양하는 행복을 누리기 바란다.

노래방 추천 Best 20

1. 나는 순례자
2. 본향을 향하네
3. 저 멀리 뵈는 나의 시온성(순례자의 노래)
4. 나는 시온성을 향해 가겠네
5. 주와 같이 길 가는 것
6. 에벤에셀 하나님
7. 오 나는 약한 나그네요
8. 아무것도 두려워 말라
9. 천성을 향해 가는 성도들아
10. 예수보다 더 큰 사랑
11. 나의 갈 길 다 가도록
12. 너 근심 걱정 와도
13. 하늘 가는 밝은 길이
14. 나의 가는 길
15. 예수 인도하셨네(내 인생 여정 끝내어)
16. 우리(외로움도 견뎌 나가겠소)
17. 주님 다시 오실 때까지
18. 시온의 영광이 빛나는 아침
19. 주님의 사랑이 이곳에
20. 파송의 노래

나는 순례자

1절 나는 순례자 낯선 나라에 언젠가 집에 돌아가리
어두운 세상 방황치 않고 예수와 함께 돌아가리

2절 나는 순례자 방황하지만 예수 내 구주 이끄시네
영광의 나팔 소리 들릴 때 천사 날 위해 찾아오리

3절 나는 순례자 피곤한 몸을 하늘나라에 누이시네
주 볼 때마다 영광 나타나 승리를 위해 찬양하리

후렴 나는 순례자 돌아가리 날 기다리는 밝은 곳에
곧 돌아가리 기쁨의 나라 예수와 함께 돌아가리

작사자나 작곡자에 대한 정보는 명확하지 않지만, 19세기 후반 또는 20세기 초반에 미국에서 널리 불렸던 영가(Spiritual) 또는 복음성가(Gospel Song) 형태의 노래다. 기독교 신앙의 핵심 주제 중 하나인 '순례자 신앙'을 담고 있다. '나는 순례자'라는 주제는 기독교 신앙에서 매우 중요한 개념으로, 성도들이 이 땅에서 나

그네와 같은 삶을 살며 영원한 본향인 천국을 소망한다는 것을 노래한다.

1절부터 '돌아가리'를 노래하며 천국을 향한 여정을 강조하지만, 후렴(Refrain)에서 "나는 순례자 돌아가리. 날 기다리는 밝은 곳에. 곧 돌아가리 기쁨의 나라. 예수와 함께 돌아가리"라는 표현으로, 순례자의 삶이 고난과 어려움의 연속일지라도 궁극적으로는 기쁨의 나라인 천국에서 살 것이라는 소망을 노래한 것이 압권이다.

그리스도인의 인내와 소망을 노래한 이 곡이 어려운 시대에 큰 위로와 소망을 갖게 할 뿐만 아니라, 이방인처럼 느껴지는 세상에서 고군분투하는 이 시대의 순례자들에게 예수님과 함께 돌아갈 밝은 곳이 있다는 소망을 갖게 할 것이다.

본향을 향하네

이 세상 나그네길을 지나는 순례자
인생의 거친 들에서 하룻밤 머물 때

환란의 궂은 비바람 모질게 불어도
천국의 순례자 본향을 향하여
천국의 순례자 본향을 향하네

이 세상 지나는 동안 괴로움이 심하나
그 괴롬 인하여 천국 보이고
이 세상 지나는 동안 괴로움이 심히 심하나
늘 항상 못 부르나 은혜로 이끄시네

생명 강 맑은 물가에 백화가 피고
흰옷을 입은 천사 찬송가 부르실 때
영광스런 면류관을 받아쓰겠네
이 세상 나그네길을 지나는 순례자

인생의 거친 들에서 하룻밤 머물고
천국의 순례자 본향을 향하네 본향을 향하네

순례자의 노래

한국 교회음악의 대중화에 지대한 영향을 끼친 작곡자 김두완 님이 북한에서 순교하신 아버지 김치근 목사를 추모하며 만든 곡으로, 고난과 환란 가운데서도 천국을 소망하며, 믿음으로 나아가는 순례자의 여정을 담았다. 김두완 작곡자의 아버지 김치근 목사는 평안남도 용강 출신으로 북한에서 목회하시다가 북한군에 의해 순교 당하셨다. 김두완 작곡가는 아버지가 인생의 순례 여정을 마치고 천국에 가신 것을 기억하며, 아버지에게 이 곡을 바치기 위해 혼신을 다해 작곡했다.

이 곡은 이 땅에서의 삶을 나그네 길, 순례자의 여정으로 묘사하며, 영원한 본향인 천국을 향한 소망을 노래한다. 가사에는 "인생의 거친 들에서 하룻밤 머물 때", "환란의 궂은 비바람 모질게 불어도", "이 세상 지나는 동안 괴로움이 심하나 그 괴롬 인하여 천국 보이고"와 같은 표현들이 담겨 있다. 그리스도인의 삶이 고난과 역경 속에서도 궁극적인 목적지인 천국을 바라보며 나아가는 여정임을 강조한 것이다.

찬양의 중심 소재는 히 11:14-16, "그들이 이제는 더 나은 본향을 사모하니 곧 하늘에 있는 것이라 이러므로 하나님이 그들의 하나님이라 일컬음 받으심을 부끄러워하지 아니하시고 그들을 위하여 한 성을 예비하셨느니라." 이 땅의 삶에 안주하지 말고, 영원한 본향을 사모하는 신앙인의 자세로 불러야 한다.

저 멀리 뵈는 나의 시온성(순례자의 노래)

1절   저 멀리 뵈는 나의 시온성 오 거룩한 곳 아버지집

           내 사모하는 집에 가고자 한 밤을 새웠네

           저 망망한 바다 위에 이 몸이 상할지라도

           오늘은 이곳 내일은 저곳 주 복음 전하리

2절   아득한 나의 갈길 다가고 저 동산에서 편히 쉴 때

           내 고생하는 모든 일들을 주께서 아시리

           빈들이나 사막에서 이 몸이 곤할지라도

           오 내 주 예수 날 사랑하사 날 지켜주시리

이 곡은 기독교 신앙에서 '하나님 나라' 또는 '천국'을 향한 소망과 순례자의 영적인 삶을 노래하는 대표적인 복음성가다. "저 멀리 뵈는 나의 시온성, 오 거룩한 곳 아버지 집, 내 사모하는 집에 가고자 한 밤을 새웠네" 등 가사에 현실의 고난과 방황 속에서도 하나님 나라를 상징하는 '시온성'을 사모하며, 믿음과 소망으로 나아가는 신앙인의 마음을 담았다. 작사·작곡자와 이 곡이 만들어진 때에 대한 확실한 정보는 없지만, 힘든 여정 속에서도 주

님의 사랑과 보호를 신뢰하며, 소망을 잃지 않고 끝까지 복음 전파의 사명을 잘 감당하겠다는 노래 가사에 순례자들의 마음이 담겨 있다.

"저 망망한 바다 위에 이 몸이 상할지라도 오늘은 이곳, 내일은 저곳, 주 복음 전하리." 한국교회가 70년대에 영적 부흥과 교회 성장을 이루고, 80년대에 세계선교에 괄목할 만큼 성장을 이룰 때, 숱한 젊은이들이 헌신을 작정하며 감동과 눈물로 부르던 결단의 찬양이다. CCC활동을 하던 필자도 겨울 방학을 이용해 순례 전도를 할 때 동네 입구에서 수없이 여러 번 불렀던 곡이다. 비록 교회의 선교 지원 능력이 감소되고, 선교사 동원이 한계에 부딪힌 것 같은 암울한 시절을 만났지만, 믿음의 선배들이 복음을 전하며 바라보았던 천국, 영원한 본향을 상징하는 "저 멀리 뵈는 나의 시온성"을 부르고 또 부르며 결단한다면, 다시 한 번 선교의 바람이 일 것으로 기대해 본다.

나는 시온성을 향해 가겠네

1절   나는 시온성을 향해 가겠네 높은 그 성 영광이로다
      내가 그 성에 도달한 그때에는 그 아침에 영광 보겠네

2절   나는 시온성을 향해 가겠네 높은 그 성 영광이로다
      그곳에 나를 구속한 구주께서 나를 기다리고 있도다

3절   나는 시온성을 향해 가겠네 높은 그 성 영광이로다
      나는 그 성을 떠나지 않으리라 괴롬 없는 안식처로다

후렴 아름다운 시온산에 순례자는 올라가겠네
      아름다운 시온산에 순례자는 올라가겠네

17세기부터 19세기까지 미국 남부의 아메리카계 미국인 노예들이 고된 노동과 억압 속에서 신앙을 통해 위로와 희망을 찾으며 불렀던 '흑인 영가'(Negro Spiritual)다. 그들은 성경을 자신들의 삶에 투영하고, 고통스러운 현실에서 벗어나 자유와 구원을 누릴 천국(시온성)으로 가고자 하는 소망을 담아 간절하게 노래

했다.

그리스도인의 궁극적인 목적지인 천국(시온성)을 향한 여정과 그 과정에서의 믿음, 소망, 그리고 인내가 주제이고, 가사는 그리스도인의 삶이 이 땅에서 영원한 본향을 향해 나아가는 순례자의 삶이라는 점을 강조하기에, 시온성을 향한 순례자라면 어느 시대를 사는 누구든 부르며 은혜를 누릴 수 있는 곡이다. 가사 전체에 흐르는 '시온성'은 단순히 물리적인 장소가 아니라, 하나님과의 온전한 교제가 이루어지는 영원한 마음의 안식처이자 소망의 장소를 의미한다. 그리고 이 '시온성'은 성도들이 이 땅에서 겪는 모든 어려움을 이겨낼 수 있는 궁극적인 동기이기도 하다.

예배나 기도처에서 자주 불리는 이 곡은 새벽기도를 다녀오는 시간이나 아침 산책길에 신앙의 결단으로 이 곡을 부른다면 성도로서의 존재감도 느끼고, 신앙을 재무장하는 영적 울림을 경험하게 될 것이다.

주와 같이 길 가는 것

1절 주와 같이 길 가는 것 즐거운 일 아닌가
         우리 주님 걸어가신 발자취를 밟겠네

2절 어린아이 같은 우리 미련하고 약하나
         주의 손에 이끌리어 생명길로 가겠네

3절 꽃이 피는 들판이나 험한 골짜기라도
         주가 인도하는 대로 주와 같이 가겠네

4절 옛 선지자 에녹같이 우리들도 천국에
         들려 올라갈 때까지 주와 같이 걷겠네

후렴 한 걸음 한 걸음 주 예수와 함께
         날마다 날마다 우리는 걷겠네

찬송가 430장, 목사이자 복음 찬송 작가로 유명했던 심프
슨(Albert B. Simpson)이 1897년에 작사 작곡한 찬송가다. 곡명은

"Step by Step"(한 걸음씩), 1절에서는 동행의 기쁨을 노래하고, 2절에서는 인도하심에 대한 의지를 고백하며, 3절에서는 전적인 순종을 약속하고, 4절에서는 영원한 소망을 노래했다. 예수님과 함께 걷는 신앙의 여정, 인도하심, 그리고 천국까지의 동행을 강조한 곡인데, 마치 "두 사람이 뜻이 같지 않은데 어찌 동행하겠느냐?"(암 3:3)는 말씀을 상기시키는 것 같다. 에녹이 주님과 동행했던 것처럼 날마다, 한 걸음씩 걸을 때마다, 주님의 인도하심과 동행의 기쁨을 누린다면 삶이 달라지게 될 것이다.

가사 내용 중에 "주와 같이 길 가는 것 즐거운 일 아닌가"라는 부분은 세상의 그 어떤 즐거움보다 주님과의 동행이 주는 기쁨과 평안이 더 크다는 것을 역설적으로 잘 표현한 것 같다. 이 부분이 이 찬송가의 핵심 메시지다. 주님과의 친밀한 관계 속에서 누리는 참된 기쁨과 만족, 이게 바로 동행을 통해 누릴 수 있는 최고의 영적 유익 아닌가?

단순한 멜로디에 아름답고 부르기 쉽게 만들어진 곡, 특히 반복되는 후렴구인 "한 걸음 한 걸음 주 예수와 함께 날마다 날마다 우리는 걷겠네"는 주님과의 동행에 대한 확고한 믿음을 갖게 하고, 기쁨으로 충만하게 할 뿐만 아니라 듣는 이들도 힘을 얻게 할 것이다.

에벤에셀 하나님

1절   감사하신 하나님 에벤에셀 하나님
      살아계신 하나님 에벤에셀 하나님
      여기까지 인도하셨네 감사하신 하나님
      여기까지 인도하셨네 살아계신 하나님

2절   감사하신 하나님 에벤에셀 하나님
      살아계신 하나님 에벤에셀 하나님
      장래에도 인도하시리 감사하신 하나님
      장래에도 인도하시리 살아계신 하나님

후렴   감사하신 하나님 에벤에셀 하나님
      살아계신 하나님 에벤에셀 하나님

우상 숭배하던 이스라엘 백성들이 사무엘의 외침에 따라 다시 여호와께 돌아가려고 미스바에 모여 금식과 기도로 회개하던 중 블레셋이 쳐들어오지만, 하나님의 도우심으로 큰 승리를 거두고 외쳤던 에벤에셀, 하나님의 도우심으로 여기까지 왔다는 사무엘 선지자의 신앙고백을 배경으로 만든 곡이다. 에벤에셀은 히브리어로 '도움의 돌'이라는 뜻, 이스라엘의 아벡 근처 에브라임의 한 성읍이기도 하다.

이스라엘 백성들은 나라가 형성되기 전에 아벡에 진을 치고 있던 블레셋 군대를 맞아 이곳에서 전투를 벌였으나 패하고 말았다(삼상 4:2). 그 후에 사무엘 선지자는 백성들이 두려움에 떨자 특단의 조치로 "온 이스라엘은 미스바로 모이라"고 하며, 각자 집에서 기도하지 말고 함께 기도하자고 요청했고, 놀랍게도 공동체의 기도에 응답하신 하나님의 도우심으로 이스라엘이 전쟁에서 이긴다. 그토록 강하던 블레셋이 이스라엘 앞에서 추풍낙엽처럼 쓰러진 것, 이스라엘은 패배할 전쟁에서 이겼다.

예상치 못한 대승, 전투력으로 이긴 것이 아니다. 돌아보니 고비마다 하나님의 도우심으로 이겨온 것이었다. 그래서 돌을 취하여 미스바와 센 사이에 세우고 '에벤에셀'이라고 하며, 그 은혜를 찬양했다. '하나님이 여기까지 도우셨다'는 감사와 '앞으로도 인도하실 것'이라는 확신! 감사와 신뢰와 하나님의 인도하심에 대한 고백이 반복적으로 등장하는 이 찬양을 자신의 신앙고백으로 삼기 바란다.

오 나는 약한 나그네요

1절　오 나는 약한 나그네요
　　　이 슬픈 세상을 가며
　　　수고도 병도 위험도 없는
　　　내가 가는 저 밝은 곳

2절　오 나는 약한 나그네요
　　　이 병든 세상을 가며
　　　수고도 병도 위험도 없는
　　　내가 가는 저 밝은 곳

후렴　나는 가네 내 아버지께
　　　더 이상 방황 없는 곳
　　　나는 가네 십자가 앞에
　　　주님 품에 돌아가네

19세기부터 구전으로 내려온 미국의 전통 영가(Spiritual)인 "I Am a Poor Wayfaring Stranger," 번역을 "오 나는 약한 나그네"

라고 했다. 방황하는 가련한 나그네, 비통하게 이 세상을 떠돌고 있지만, 병도 고역도 위험도 없는 그 빛나는 곳으로 향하고 있다는 신앙의 자세, 단순히 나그네의 삶을 살다가 요단강을 건너 본향으로 갈 수밖에 없다는 탄식이 아니다. 피비린내 나는 전쟁터 같은 세상에서 온갖 고생을 다 하며 지칠 대로 지칠지라도 갈 곳이 있다면, 더욱이 그곳이 더 이상 방황이 없는 십자가 앞, 고향, 아버지의 품이라면, 돌아간다는 이 고백은 순례자의 신앙고백이다. 이 곡은 슬픔보다 감격으로 부를 찬양이다.

가사를 보면 "먹구름(dark clouds)이 나를 감쌀 것을 안다"고 한다. 또 "내가 가는 길이 험하고 가파르다는 것을 안다"고 한다. 하지만 "황금들판(golden fields)이 펼쳐지면 잠들어 있지 않을 것"이라며, "나는 어머니를 뵈러 갈 것(I'm going home to see my mother), 고향으로 갈 것"(I'm only going over home)이라고 한다. " 설령 몸이 묘지에 잠들어 있을지라도 그곳에서는 모든 고통에서 해방될 것이고, 삶의 보상을 받게 될 것"이라고 노래하는 영혼의 노래, 이 찬송으로 "주님을 뵈러 그곳으로 간다"(I'm going there to see my Savior)고 확실한 신앙을 고백하며 살기 바란다.

아무것도 두려워 말라

아무것도 두려워 말라
주 나의 하나님이 지켜주시네
놀라지마라 겁내지마라 주님 나를 지켜주시네

아무것도 두려워 말라
주 나의 하나님이 지켜주시네
놀라지마라 겁내지마라 주님 나를 지켜주시네

내 맘이 힘에 겨워 지칠지라도
주님 나를 지켜주시네
세상의 험한 풍파 몰아칠 때도
주님 나를 지켜주시네

주님은 나의 산성
주님은 나의 요새
주님은 나의 소망
나의 힘이 되신 여호와

김대환 작사 작곡의 대표적인 복음성가, "두려워 말라"고 말씀하시는 하나님의 음성을 듣고, 하나님이 항상 지켜주신다는 믿음과 평안을 노래한 멋진 신앙고백이다. "아무것도 두려워 말라. 주 나의 하나님이 지켜주시네, 놀라지 말라. 겁내지 말라. 주님 나를 지켜주시네" 등 반복되는 가사는 "두려워하지 말라. 내가 너와 함께 함이라. 놀라지 말라. 나는 네 하나님이 됨이라. 내가 너를 굳세게 하리라 참으로 너를 도와주리라. 참으로 나의 의로운 오른손으로 너를 붙들리라"(사 41:10)는 말씀이 근거가 된 것 같다.

　　뒷부분에서는 "주님은 나의 산성, 주님의 나의 요새, 주님의 나의 소망, 나의 힘이 되신 여호와"라고 선포했는데, 이건 그 어떤 위험으로부터도 안전을 보장하시는 하나님께서 나의 안전장치가 되신다는 고백이자, 나의 배후에 하나님이 계신다는 확신이다. 나그네 인생이라 걱정 근심으로 살 수밖에 없는 세상, 힘에 겨워 지칠지라도, 험한 풍파 몰아칠지라도 주님이 지켜주신다는 이 멋진 고백으로 찬양한다면, 용기와 평안을 얻을 뿐만 아니라, 자신감이 솟구치는 삶을 살게 될 것이다. CCM 스타일의 밝고 힘 있는 멜로디와 가사, 부를수록 신앙의 힘을 경험하게 될 것이다.

천성을 향해 가는 성도들아

1절 천성을 향해 가는 성도들아
앞 길에 장애를 두려워말라
성령이 너를 인도하시리니
왜 지체를 하고 있느냐

2절 너 가는 길을 누가 비웃거든
확실한 증거를 보여주어라
성령이 친히 감화하여 주사
그들도 참 길을 찾으리

3절 너 가는 길을 모두 가기 전에
네 손에 든 검을 꽂지 말아라
저 마귀 흉계 모두 깨뜨리고
끝까지 잘 싸워 이겨라

후렴 앞으로 앞으로 천성을 향해 나가세
천성문만 바라고 나가세
모든 천사 너희를 영접하러
문 앞에 기다려 서있네

순례자의 노래

그리스도인들이 천국을 향해 가는 순례자임을 선포하며, 신앙의 여정에서 앞 길의 장애와 유혹을 두려워하지 말고, 어려움을 겪더라도 믿음으로 나아가야 함을 권면하는 찬송가 359장, 성령의 인도하심을 따라 천성을 향해 나아가자는 메시지를 담은 곡이다.

가사는 "앞 길에 장애를 두려 말라. 성령이 너를 인도하시리니" 등 신앙 여정에서 혹시 흔들릴 때가 있더라도 '성령의 인도하심'이 있을 것임을 강조하고, 또 "너 가는 길을 모두 가기 전에 네 손에 든 검을 꽂지 말아라. 저 마귀 흉계 모두 깨뜨리고 끝까지 잘 싸워 이겨라," 시련과 유혹이 있더라도 포기하지 말고, 신앙을 지키라고 '끝까지 인내'를 강조하며, "모든 천사 너희를 영접하러 문 앞에 기다려 서 있네." 신앙 여정이 끝나면 천국에서 큰 환영을 받게 될 것임을 강조한다. 천군 천사들이 응원할 것을 기대하며 믿음으로 부르다면, 하늘의 위로와 소망을 얻게 될 것이다.

예수보다 더 큰 사랑

예수보다 더 큰 사랑 그 누구도 줄 수 없네
우리에게 자유 주신 그 큰 사랑(×2)

세상의 헛된 보화 곧 사라지지만
영원한 주의 사랑 나의 맘에 남으리

예수보다 더 큰 사랑 그 누구도 줄 수 없네
우리에게 자유 주신 그 큰 사랑(×2)
찬양하세 영원히 변치 않는 그 사랑
위대한 그 사랑 내 죄 씻었네
세상 모든 능력과 권세보다 강하신 영원한 그 사랑

예수보다 더 큰 사랑 그 누구도 줄 수 없네
우리에게 자유 주신 그 큰 사랑

찬양하세 영원히 변치 않는 그 사랑
위대한 그 사랑 내 죄 씻었네
세상 모든 능력과 권세보다 강하신 영원한 그 사랑(×2)

순례자의 노래

예수보다 더 큰 사랑 그 누구도 줄 수 없네

우리에게 자유 주신 그 큰 사랑(×2)

우리에게 자유 주신 그 큰 사랑

우리에게 자유 주신 그 큰 사랑

찬양하세 영원히 변치 않는 그 사랑

위대한 그 사랑 내 죄 씻었네

세상 모든 능력과 권세보다 강하신 영원한 그 사랑

어노인팅(Anointing)이 부른 대표곡으로 예수님의 사랑이 이 세상의 어떤 것보다 더 크고 영원함을 찬양하며, 가사에 그 사랑 안에서 순례길을 걷는 성도의 행복한 마음을 담았다. 세상의 유혹과 어려움 속에서도 변치 않는 주님의 사랑을 의지하며 부른다면 부를수록 순례 여정에 힘을 얻게 될 것이다.

나의 갈 길 다 가도록

1절   나의 갈 길 다 가도록 예수 인도하시니
내 주 안에 있는 긍휼 어찌 의심하리요
믿음으로 사는 자는 하늘 위로 받겠네
무슨 일을 만나든지 만사형통 하리라
무슨 일을 만나든지 만사형통 하리라

2절   나의 갈 길 다 가도록 예수 인도하시니
어려운 일 당한 때도 족한 은혜 주시네
나는 심히 고단하고 영혼 매우 갈하나
나의 앞에 반석에서 샘물나게 하시네
나의 앞에 반석에서 샘물나게 하시네

3절   나의 갈 길 다 가도록 예수 인도하시니
그의 사랑 어찌 큰지 말로 할 수 없도다
성령 감화받은 영혼 하늘나라 갈 때에
영영 부를 나의 찬송 예수 인도하셨네
영영 부를 나의 찬송 예수 인도하셨네

순례자의 노래

미국의 대표적인 찬송가 작사가인 패니 크로스비(Fanny J. Crosby) 여사가 1875년에 작사한 찬송가 384장, 생후 6주 만에 잘못된 약 처방으로 시력을 잃지만, 모든 삶을 은혜로 여기고, 평생 하나님을 찬양하며 복음 전도에 헌신한 크로스비가 쓴 8천 편이 넘는 찬송가 중 한 곡이다. 인생 여정에서 오직 주님만이 우리의 인도자가 되신다는 사실을 고백하며, 깊은 위로와 소망을 확신하며 찬양한다. 평생 앞을 보지 못하고 산 시각 장애인인 크로스비의 흔들리지 않는 믿음과 로버트 로우리(Robert Lowry)의 아름다운 선율이 만나 탄생한 불후의 명작이다.

가사 한 절 한 절에 하나님의 신실하신 인도와 끝없는 사랑이 오롯이 담긴 듯한 곡, 가히 누구를 만나든 "당신의 영혼을 축복해요"(Bless your dear soul)라며 축복하고, 무엇을 하든 무릎 꿇고 기도로 시작한 믿음의 사람답다. 하나님이 인도하고 보호하신다는 확신으로 부른다면 큰 영적 평안과 만족을 누리게 될 것이다.

너 근심 걱정 와도

너 근심 걱정 와도 어려운 일 당해도
걱정 말아라 주 너를 지키리

위험한 일 당해도 슬픈 일이 와도
걱정 말아라 주 너를 지키리
늘 지켜 주시리

주님의 사랑 속에 거하라
그의 평화 속에 유하라

그분의 영원 속에 자유하라
주 지키리

주님의 사랑 속에 거하라
그의 평화 속에 유하라

그분의 영원 속에 자유하라
주 지키리

순례자의 노래

주님이 늘 지켜주신다는 위로와 평안을 전하는 대표적인 CCM 곡, 근심 걱정과 어려움 속에서도 주님이 지켜주신다는 위로가 반복적으로 강조되며, "어려운 일 당해도 걱정 말아라, 주 너를 지키리. 위험한 일 당해도, 슬픈 일이 와도 걱정 말아라. 주 너를 지키리. 늘 지켜주시리" 등 긍정적이고 희망적인 가사가 압권이다. 반복되는 후렴구와 단순한 멜로디로 누구나 쉽게 부를 수 있는 노래, 이 시대의 순례자들에게도 일상 속 근심이나 시련을 이겨내는 힘이 될 것이다.

'설교의 왕자'라 불리며 수많은 신앙 서적을 남긴 침례교 목사 찰스 스펄전(Charles Spurgeon)은 "걱정은 작은 구멍이 큰 배를 가라앉히는 것과 같다"고 했고, 제네바의 주교로서 영적 지침이 될 만한 글을 많이 남기고, 기독교와의 대화와 화해를 위해 노력했던 프랜시스 드 살레(Francis de Sales)는 "걱정은 영혼을 어둡게 하고, 하나님과의 관계를 흐리게 한다"고 했다. 베드로가 "너희 염려를 다 주께 맡기라 이는 그가 너희를 돌보심이라"(벧전 5:7)고 권면했던 말씀도 함께 묵상하며 이 찬송을 부른다면, 어떤 상황 속에서든 늘 확신의 삶을 살게 될 것이다.

하늘 가는 밝은 길이

1절   하늘 가는 밝은 길이 내 앞에 있으니
       슬픈 일을 많이 보고 늘 고생하여도
       하늘 영광 밝음이 어둔 그늘 헤치니
       예수 공로 의지하여 항상 빛을 보도다

2절   내가 염려하는 일이 세상에 많은 중
       속에 근심 밖에 걱정 늘 시험하여도
       예수 보배로운 피 모든 것을 이기니
       예수 공로 의지하여 항상 이기리로다

3절   내가 천성 바라보고 가까이 왔으니
       아버지의 영광 집에 나 쉬고 싶도다
       나는 부족하여도 영접하실 터이니
       영광 나라 계신 임금 우리 구주 예수라

그리스도인의 삶이 이 땅에서는 잠시 동안의 여정일지라도
궁극적 목적지가 하늘나라라는 사실을 강조하는 찬송가 493장,

곡조는 스코틀랜드 민요 '애니 로리'(Annie Laurie)다. 작사자가 1892년에 한국에 와서 48년간 선교사로 헌신한 스왈렌 선교사인지, 미국 남북전쟁 때 군목으로 활동했던 존 로지어 목사인지는 알 수 없지만, 가사에 세상 유혹과 고난 속에서도 흔들리지 않고 오직 예수 그리스도를 통한 구원의 길, 즉 '하늘 가는 밝은 길'을 따라가야 한다는 메시지를 담았다.

"하늘 가는 밝은 길이 내 앞에 있으니, 예수 공로 의지하여 항상 빛을 보도다" 등, 고난 속에서나 세상 염려 가운데서도 예수님의 은혜와 천국에 대한 소망을 강조하는, 세계적으로 사랑받는 이 곡은 "내가 곧 길이요 진리요 생명이니 나로 말미암지 않고는 아버지께로 올 자가 없다"(요 14:6)는 말씀에 뿌리를 둔 찬송 같다. 이 곡을 순례 여정 가운데 영적 기쁨과 천국 소망의 길이 되기를 갈망하며 부른다면, 순례자들에게 큰 희망과 평안을 누리게 할 것이다.

나의 가는 길

나의 가는 길 주님 인도하시네
그는 보이지 않아도 날 위해 일하시네

주 나의 인도자 항상 함께하시네
사랑과 힘 베푸시며 인도하시네

나의 가는 길 주님 인도하시네
그는 보이지 않아도 날 위해 일하시네

주 나의 인도자 항상 함께하시네
사랑과 힘 베푸시며 인도하시네
인도하시네.

광야에 길을 만드시고 날 인도해
사막에 강 만드신 것 보라

하늘과 땅 변해도 주의 말씀 영원히
내 삶 속에 새일을 행하리

순례자의 노래

나의 가는 길 주님 인도하시네

그는 보이지 않아도 날 위해 일하시네

주 나의 인도자 항상 함께하시네

사랑과 힘 베푸시며 인도하시네

인도하시네.

CCM의 대표적인 음악가 중 한 명인 돈 모엔(Don Moen)이 1987년도에 작곡한 곡(God Will Make A Way), 아내 로라 모엔의 여동생 수잔이 가족들과 함께 스키 여행을 가던 중 교통사고로 즉사한 첫째 아들 제레미(9세)의 장례식 때 부를 노래를 부탁하자 "보라 내가 새 일을 행하리니 이제 나타낼 것이라 너희가 그것을 알지 못하겠느냐 반드시 내가 광야에 길을 사막에 강을 내리니"(사 43:19)라는 말씀에서 깊은 영감을 받아 만든 곡이다.

절망 속에서도 하나님께서 길을 만드신다는 메시지를 담고 있는 이 노래는 하나님의 위로와 인도하심을 고백하는 아름다운 신앙의 유산, 순례 여정 속에서 때로 넘어지고 지친 순례자들에게 큰 위로와 희망을 줄 것이다.

예수 인도하셨네 (내 인생 여정 끝내어)

1절 내 인생 여정 끝내어 강 건너 언덕 이를 때
하늘문 향해 말하리 예수 인도하셨네

2절 이 가시밭길 인생을 허덕이면서 갈 때에
시험과 환난 많으나 예수 인도하시네

3절 내 밟은 발걸음마다 주 예수 보살피시사
승리의 개가 부르며 주를 찬송하리라

후렴 매일 발걸음마다 예수 인도하시네
나의 무거운 죄 짐을 모두 벗고 하는 말
예수 인도하셨네

예수께서 인생의 모든 순간을 인도하셨음을 고백하는 복음
송, 고달픈 삶의 여정 가운데서도 주님의 인도하심을 신뢰한다
는 신앙을 담고 있다. 가사를 보면 "예수 인도하셨네"를 반복하며
예수님의 인도하심을 강조하고, "나의 무거운 죄짐을 모두 벗고

하는 말," 무거운 죄짐을 벗고, "매일 발걸음마다 예수 인도하셨네," 예수님이 인도하셨다고 감사 찬양을 드린다. 그리고 "내 인생 여정 끝내어 강 건너 언덕 이를 때 하늘문 향해 말하리… 승리의 개가 부르며 주를 찬송하리라," 인생의 마지막에는 예수님이 승리의 영광을 누리도록 인도하실 것이라는 소망을 노래한다.

1980년대 복음성가, 인생의 여정을 마치며 고난과 역경 속에서도 예수님이 인도하셨다고, 그래서 승리의 개가를 부른다고 고백하는 은혜로운 찬송이다. 가시밭길 인생, 시험도 많고, 환난도 많지만 발걸음마다 보살피고 인도하신 분이 예수님이시라면, 하늘문 앞이 얼마나 행복할까? "예수 인도하셨네!"(Jesus led me all the way)가 순례 중인 우리 모두의 고백이 되어야 한다.

우리 (외로움도 견뎌 나가겠소)

1절 나, 외로움도 견뎌 나가겠소 바보란 소릴 들어도 좋소
나를 비웃는 그 비웃음들을 그 사랑으로 받아 주겠소
이 모든 것이 힘들다는 것을 주님은 나에게 알려줬소
주님의 사랑은 너무나 넓고 크오 그래서 나는 살아가겠소

2절 자, 우리 모두 손을 내밀어서 넘어진 형제 일으켜 주세
사람이 살면 한번 사는 것 걸음 멈추고 생각해 보세
시냇물이 강으로 흘러서 저 바다와 하나가 되듯이
우리는 하나요 당신과 나도 하나 우리는 하나가 돼야 하오

3절 자, 우리 모두 손에 손을 잡고 저 험한 벌판을 걸어가 보세
가다 보면 폭풍도 지나고 캄캄한 밤도 지나갈 거요
높은 산 올라갈 때도 있소 푸른 초원도 지나갈 거요
서로가 위하고 우리가 사랑하면 모든 것을 이겨 나갈 거요

4절 자, 지금까지 내가 한 말들은 배워서 한 말들이 아니요
옳고 그르고 좋고 나쁜 것은 말 안 해도 우리는 알지 않소
오죽하면 나 같은 바보가 여러분들께 읍소를 하오

순례자의 노래

지금도 모든 것 늦지는 않았으니 우리는 하나가 돼야 하오

5절　자, 옆에 있는 형제 손을 잡고 우리 모두 노래합시다

서로 보며 인사도(안녕하세요) 나누고

우리 모두 함께 일어납시다

우리 모두 발을 구릅시다 이렇게 모든 것이 맞을 때

우리는 하나요 당신과 나도 하나 우리는 하나가 돼야 하오

우리는 하나요 당신과 나도 하나 우리는 하나가 돼야 하오

우리는 하나가 되었다오

　　Ai 토비(제미나이 버전)에 의하면 가수 윤복희 님이 작사한 곡을 신상우 님이 합창곡으로 편집한 곡이다. 원곡은 Roger Whittaker 의 "The Last Farewell," 윤복희 님이 이 곡에 가사를 붙여 "우리 는 하나"라는 제목으로 불렀던 것을 신상우 님이 "우리"라는 제 목으로 편곡했다. "외로움도 견뎌 나가겠소," "우리 모두 손을 내 밀어서 넘어진 형제 일으켜 주세," "우리는 하나요 당신과 나도 하나 우리는 하나가 돼야 하오" 등 서로 사랑하고 위하며, 하나가 되자는 메시지를 담고 있는데, 성전을 떠나기 전날, 축제 마지막 날 순례자들이 성전에서 밤새 부른 찬송처럼 느껴진다.

주님 다시 오실 때까지

주님 다시 오실 때까지 나는 이 길을 가리라
좁은 문 좁은 길 나의 십자가 지고

나의 가는 이 길 끝에서 나는 주님을 보리라
영광의 내 주님 나를 맞아 주시리

주님 다시 오실 때까지 나는 일어나 달려 가리라
주의 영광 온 땅 덮을 때 나는 일어나 노래하리

내 사모하는 주님 온 세상 구주시라
내 사모하는 주님 영광의 왕이시라

부흥한국의 고형원 대표가 작사, 작곡한 이 곡은 2004년 가수 소향이 POS의 'Butterfly' 앨범에 수록하면서 처음 알려졌다. 고형원 대표가 남북이 하나 되어 하나님을 예배하고, 열방을 섬기는 한민족의 비전을 꿈꾸며, 사역하는 부흥한국의 정신을 담아낸 이 곡의 가사를 보면, 주님 다시 오실 때까지 좁은 문, 좁은 길을 십자가 지고 가며, 그 길의 끝에서 영광의 주님을 만나기를 소망하는 신앙인의 고백이 두드러진다.

신앙인은 "내가 너희를 위하여 거처를 예비하러 가노니 가서 너희를 위하여 거처를 예비하면 내가 다시 와서 너희를 내게로 영접하여 나 있는 곳에 너희도 있게 하리라"(요 14:2-3)는 예수님의 재림 약속을 믿고, 좁은 문, 좁은 길을 십자가 지고 가는 사명자, "이제 후로는 나를 위하여 의의 면류관이 예비되었으므로 주 곧 의로우신 재판장이 그 날에 내게 주실 것이며 내게만 아니라 주의 나타나심을 사모하는 모든 자에게도니라"(딤후 4:8)라고 마지막까지 충성해야 하는데, 이 시대의 순례자들도 주의 영광이 온 땅을 덮을 때 일어나 노래하겠다는 재림 신앙과 선교적 사명이 강조되는 이 곡을 부르며, 부를 때마다 재헌신을 결단하면 좋겠다.

시온의 영광이 빛나는 아침

1절   시온의 영광이 빛나는 아침 어둡던 이땅이 밝아오네
        슬픔과 애통이 기쁨이 되니 시온의 영광이 비쳐오네

2절   시온의 영광이 빛나는 아침 매였던 종들이 돌아오네
        오래전 선지자 꿈꾸던 복을 만민이 다같이 누리겠네

3절   보아라 광야에 화초가 피고 말랐던 시냇물 흘러오네
        이 산과 저 산이 마주쳐 울려 주 예수 은총을 찬송하네

4절   땅들아 바다야 많은 섬들아 찬양을 주님께 드리어라
        싸움과 죄악의 참혹한 땅에 찬송이 하늘에 사무치네

찬송가 550장, 새벽빛이 대지를 깨우듯 하나님의 영광이 온 세상을 비추고, 모든 민족에게 구원의 빛을 전하는 역동적인 비전을 담고 있는 곡이다. 초등학교 졸업이 최종학력이었지만, 독학으로 음악을 공부해 18세에 성가대 지휘자가 된 토마스 헤이스팅스 (Thomas Hastings)가 47세가 되었을 때 좋지 않던 시력이

악화되어 밤에는 거의 앞을 볼 수 없는 처지에서 주님을 영접하고, 돌아오는 것이 진정한 빛이라는 것을 깨닫고, "흑암에 행하던 백성이 큰 빛을 보고 사망의 그늘진 땅에 거주하던 자에게 빛이 비치도다"(사 9:2)라는 말씀이 저절로 입에서 흘러나오면서 말씀에 영감을 받아 쓴 곡이다. 새벽빛이 대지를 깨우듯, 하나님의 영광이 온 세상을 비추고, 모든 민족에게 구원의 빛을 전하는 역동적인 비전을 담고 있다.

가사는 시온(천국)의 영광이 빛나는 아침, 밝아오는 그 아침에 어둠이 사라지듯 슬픔과 고통이 사라지고, 기쁨과 평화가 임하는 장밋빛 미래를 그린다. 순례자들이 성전에 이를 때마다 부르기에 이보다 더 좋은 곡이 또 있을까 싶은 찬송, 선교적 열풍까지 불어넣는 열정이 담긴 찬송, 전적인 하나님의 통치가 임할 그날을 소망하며 부른다면, 선교 마인드까지 장착할 수 있을 것이다.

주님의 사랑이 이곳에

주님의 사랑이 이곳에 가득하기를 기도합니다
주님의 평화가 우리들 가운데 있기를 원합니다

주님의 은총이 이곳에 가득하기를 기도합니다
주님의 기쁨이 우리들 가운데 있기를 원합니다

때로는 지치고 때로는 곤해도 주만을 바라보면서
세상의 고통이 내게 닥쳐와도 주만을 사랑하리라

주님의 축복이 이곳에 넘쳐나기를 원합니다
주님의 사랑이 이곳에 가득하기를 기도합니다

필자가 목회하는 신기중앙교회 출신 채한성 님이 작사 작곡
한 복음송이다. 이 곡의 원제목은 '주님 사랑 온누리에,' 주님의
사랑과 평화, 은총과 기쁨이 예배하는 모든 이들에게 충만하기
를 소망한다는 메시지를 담고 있다. "주님의 사랑이 이곳에 가득
하기를 기도합니다. 주님의 평화가 우리들 가운데에 있기를 원

합니다," 주님의 사랑과 은혜를 강조하며, 예배의 분위기를 따뜻하게 만드는 곡, "때로는 지치고 때로는 곤해도 주만을 바라보면서 세상의 고통이 내게 닥쳐와도 주만을 사랑하리라," 어떤 어려움 속에서도 주님만 의지하고 사랑하겠다는 신앙고백적인 메시지를 담고 있다.

20세기 개신교 신학의 대표격인 칼 바르트(Karl Barth)는 예배를 "인간의 삶에서 일어날 수 있는 가장 중대하고, 가장 긴급하며, 가장 영광스러운 행동"이라고 했고, 예배학의 대가인 웨인 라이트(Wayne Wright)는 자신의 저서인 『예배학』에서 "인간은 하나님께 예배할 때 가장 행복하다"고 한 유명한 말을 생각나게 하는 좋은 복음송, "아버지께서는 자기에게 이렇게 예배하는 자들을 찾으시느니라"(요 4:23)라고 말씀을 묵상하며 부르면 좋겠다. 아울러 예배를 "하나님께 드리는 최고의 선물, 은혜에 대한 우리의 응답"이라고 여겼던 마르틴 루터(Martin Luther)와 같은 마음으로 이 노래를 부른다면, 누구 못지않은 '행복한 예배자'가 되고, 큰 감동을 누리게 될 것이다.

파송의 노래

너의 가는 길에 주의 평강 있으리 평강의 왕 함께 가시니
너의 걸음걸음 주 인도하시니 주의 강한 손 널 이끄시리

너의 가는 길에 주의 축복 있으리 영광의 주 함께 가시니
네가 밟는 모든 땅 주님 다스리니 너는 주의 길 예비케 되리

주님 나라 위하여 길 떠나는 나의 형제여
주께서 가라시니 너는 가라 주의 이름으로
거칠은 광야 위에 꽃은 피어나고
세상은 네 안에서 주님의 영광 보리라

강하고 담대하라 세상 이기신 주 늘 함께
너와 동행하시며 네게 새 힘 늘 주시리

주님 나라 위하여 길 떠나는 나의 형제여
주께서 가라시니 너는 가라 주의 이름으로

거칠은 광야 위에 꽃은 피어나고
세상은 네 안에서 주님의 영광 보리라

강하고 담대하라 세상 이기신 주 늘 함께
너와 동행하시며 네게 새 힘 늘 주시리

예배를 마치고 세상으로 흩어지는 성도들을 축복하거나, 선교지로 떠나는 선교사들을 격려하고 축복할 때 많이 불리는 찬양, 어려서부터 선교의 꿈을 가지고 준비했지만 다니는 교회와 주변 사람들로부터 충분한 후원이나 이해를 받지 못하는 후배를 격려하기 위해 고형원 님이 작사, 작곡한 곡이다. 하나님을 위하여, 하나님과 함께 길 떠나는 사람들의 아름다움을 노래하며, 하나님의 눈으로 세상을 보고, 하나님의 심장으로 세상을 품고 살도록, 우리를 세상으로 파송하신 주님의 뜻을 담고 있다. 아울러 주님의 이름을 의지하여, 주께서 가라고 하신 곳으로 나아가는 자들이 그 땅을 위한 그리스도의 대사들이며, 황무지와 같은 땅 가운데서 그리스도의 능력으로 꽃을 피우고, 세상에 주님의 영광을 나타낼 것이라는 메시지를 전한다. 순례길을 걷는 우리에게 믿음으로 나아가도록 힘을 불어넣는 찬송이다.

책 속 갤러리

책 속 갤러리

   같은 교단에서 함께 목회하고, 한국침례신학대학교의 법인 이사로 함께 활동하며, 몇 차례 일본의 순교지와 선교지 방문 외에도 대만, 중국, 태국 등을 함께 여행한 윤문선 목사 부부, 두 분은 가까이하면 할수록 너무 자상하셔서 개인적으로 정말 존경하는 친형, 친누나 같은 분들이시다.

   특별히 누가복음 15장의 '돌아온 탕자' 비유에서 드러난 '하나님의 마음'만을 주제로 삼아 입체감이 있는 질감의 유화 그림으로 복음을 전하시는 분이다. 탕자가 돌아올 때까지 기다리시는 하나님의 마음을 당신의 작품 세계를 관통하는 중요한 메시지로 삼았다. 단조로운 듯하면서도 분명한 메시지가 있는 선명한 그림으로 독자들의 영혼을 채우는 무한한 영감의 보고, 여기 《책 속 갤러리》에는 필자가 '순례자의 노래'(시편 120~134편)와 연결하여 순례자가 듣고 싶은, 아버지의 마음이 담긴 하나님의 말씀을 제목으로 삼고, 몇 줄씩 그림 해설을 보탰다. 성경의 '돌아온 탕자' 비유가 주는 은혜를 풍성하게 누리는 감동의 갤러리가 되기를 바란다.

그림 | 윤문선

경희대 미술대학 대학원 졸업 후 서울 화곡고 미술 교사와 대한민국 기독미술대전 심사위원장을 역임하셨고, 목사로서 브라질 선교사, 한국침례신학대학 이사, 죠이선교회 이사장을 역임하셨으며, 현재는 광명 참좋은교회 담임목사로 재직 중이시다. 국내에서 17회, 뉴욕에서 2회, LA에서 1회 개인전을 하셨으며, 12회 그룹전을 하셨다.

"힘들지?"

정착지가 아니라 순례 중이기에 이 땅에서 겪는 나그네의 서러움을 다 겪고, 평화의 메시지를 전해도 철저히 거부당할 뿐만 아니라 박해를 당하고 위협까지 당하며 살지만, 하나님은 언제나 성도가 기댈 언덕이다. 순례자는 "내가 환난 중에 여호와께 부르짖었더니 내게 응답하셨다"(시 120:1)라고 노래한다. 비도덕적이고 비윤리적이며 하나님을 모르는 이방인들과 잠깐이 아니라 일생을 더불어 사는 것이 결코 쉽지 않지만 기도하면 친히 다가와 안아주시며 "힘들지?"하며 위로해 주고 새 힘을 불어넣어 주시는 것을 표현한 그림, 순례자는 그 품이 너무 포근하다.

"지켜 줄게"

여인들과 아이들만 남은 동네가 습격당할 것 같은 걱정과 예루살렘까지 많은 산과 강, 그리고 계곡을 지날 때 실족할 수도 있다는 것, 또 강도를 만날 수도 있다는 것 등으로 순례자는 발걸음이 무겁지만, "내가 산을 향하여 눈을 들리라 나의 도움이 어디서 올까 나의 도움은 천지를 지으신 여호와에게서로다"(시 121:1-2), 스스로 묻고 답한다. 예배드리러 가는 우리도 어렵기는 마찬가지, 졸지 않고 주무시지도 않고 "내가 지켜 줄게," 약속을 믿고 나아가라고 응원하는 듯한 그림, 주야로 영원까지 지켜 주실 것을 믿고, 오직 믿음으로 나아가라는 메시지를 담은 것 같다.

"왔구나!"

성전으로 올라가는 순례길, 박해와 위험과 유혹이 심해서 전혀 쉽지 않은 길이라 차마 떠날 엄두를 내지 못하고 있었는데, 주변의 올라가자는 권면이 너무 기쁘다. "사람이 내게 말하기를 여호와의 집에 올라가자 할 때에 내가 기뻐하였도다"(시 122:1). 지금 막 떠났는지 예루살렘으로 가는 중인지는 몰라도 "예루살렘아 우리 발이 네 성문 안에 섰도다," 예루살렘 성안에 자기 발이 굳건히 섰을 때를 기대하는데, "왔구나!"하며 하나님께서 안아주시는 듯한 그림, 생각만 해도 너무 좋아 찬양이 절로 나온다. "저 높은 곳을 향하여 날마다 나아갑니다. 그곳은 빛과 사랑이 언제나 넘치옵니다."

"괜찮아!"

배고프고 아프고 슬프고 외롭고 두렵고 힘든데 주변으로부터 압제당하며 억눌리기까지… 이것들도 괴로운데, 업신여기고 깔보고 짓밟고 멸시하고 조롱하고 비웃는 것이 너무 고통스럽다. 자존심이 상하고, 인간의 존엄성이 무너지고… 씻을 수 없는 상처를 받는다. 미칠 지경, 죽을 지경! 두려움과 분노가 솟구친다. 이게 바로 나그네 인생의 서러움, 그런데 "하늘에 계신 주여 내가 눈을 들어 주께 향하나이다"(시 123:1), 하나님이 전능하시다는 것, 모든 것을 다스리시는 분이시라는 것을 노래하는데, 하나님께서 안아주며 "괜찮아!" 등을 두드려 주시는 듯한 그림, 힘이 솟구치는 것 같다.

순례자의 노래

"도와줄게"

광야 같은 세상, 자연이나 짐승들에게서 오는 위험도 두렵지만, 대부분 위험은 사람들에게서 오는 것, 자연으로부터 오는 위험이 날이 갈수록 거세지며 어느덧 속수무책이라는 생각이 들지만, 자연으로부터 오는 위험보다 더 아프고, 더 괴롭고, 더 힘든 것이 사람들에게서 오는 위험인 것 같다. 덫을 놓은 것 같은 함정들, 빠지면 몸부림쳐도 소용없다. 오히려 더 조여올 뿐, 꼼짝을 못한다. 하지만 하나님께서 안아주며 "도와줄게" 그러시는 것 같은 그림, "우리 영혼이 사냥꾼의 올무에서 벗어난 새 같이 되었나니 올무가 끊어지고 우리가 벗어났도다"(시 124:7)라는 노래가 절로 나온다.

"안심해!"

평화롭게 살던 동네에 어느 날 전쟁이 일어나면 수많은 남자가 죽을 것이다. 그리고 전쟁에서 진다면 상황은 더 심각해지는 것, 모든 것을 다 잃을 수도 있다. 자유도 없고, 인권도 없고, 무엇이든 통제받고, 마음대로 말할 수도 없다. 우리의 전통도 무시되고, 심지어 적들이 섬기는 신까지 섬겨야 한다. 희망이 없는 삶, 불안한 처지, 그런데 "여호와를 의지하는 자는 시온산이 흔들리지 아니하고 영원히 있음 같다"(시 125:1)고 했다. 성전을 찾는 순례자를 안아주며 "안심해!" 말씀하시는 것 같은 그림, 한 줄기 빛이 따사로이 내려와 우리 마음도 환해지는 것 같다.

"웃어, 웃어도 돼!"

인생에 굴곡이 없는 사람이 있을까? 아무리 불행한 사람도 웃을 일이 있고, 행복에 겨워 어쩔 줄 모르는 사람도 쓰라린 일을 겪을 수 있다. 누구나 다 한결같은 기쁨으로 살고 싶지만, 그게 쉬운가? 시편 126편은 바벨론 포로 생활을 하다가 70년 만에 해방된 사람들의 기쁨을 생생하게 묘사했다. 마치 꿈꾸는 것 같았다고 했다. "눈물을 흘리며 씨를 뿌리는 자는 기쁨으로 거두리로다"(시 126:5)라고 했지만, 독립운동으로 해방된 게 아니다. 기적적인 방법으로 해방의 기쁨을 누리게 하신 하나님, "웃어, 웃어도 돼!" 그러시는 것 같은 그림, 우리의 삶에도 웃음꽃이 피어야 한다.

"우리는 한 식구야!"

"여호와께서 집을 세우지 아니하시면 세우는 자의 수고가 헛되며 여호와께서 성을 지키지 아니하시면 파수꾼의 깨어 있음이 헛되도다 너희가 일찍이 일어나고 늦게 누우며 수고의 떡을 먹음이 헛되도다"(시 127:1-2), '하나님과 함께'가 아니라면, 하나님을 의지하는 것이 아니라면 삶의 모든 결말이 헛되다는 것을 가르쳐 주는 말씀이다. 자질구레한 문제나 구체적인 문제까지 다 의지하는 것은 아니라는 사람들도 있지만, 아니다. 그건 헛수고하는 것, 교만일 수도 있다. 하나님께 다 맡기는 것이 옳은데, 하나님께서 "우리는 한 식구야!" 그러시는 것 같은 그림, 볼수록 마음이 평안하다.

"예쁘다!"

시편 128편은 하나님이 세워주신 가정이 어떤 가정인지를 보여주는 노래, 핵심 주제는 여호와를 경외하는 가정은 복을 받는다는 것이다. 세상에서 가장 아름다운 한 폭의 그림 같은 가정, 그러려면 가족들이 수고의 보람을 느끼고, 가족 간의 관계가 아름다워야 한다. 시에서 말한 포도나무의 결실은 좋은 부부관계를 강조하는 것, 그리고 척박해도 잘 자라고 수명이 긴 감람나무는 자녀들의 바른 성장과 축복 계승을 강조한 비유, 명품 가정이 되라는 축복인데, 하나님께서 가정의 아름다움을 보며 "예쁘다!"라고 말씀하시는 듯한 그림, 볼수록 행복감이 짙어진다.

"나도 기다렸다!"

고난의 심연에서 언약에 신실하신 하나님을 기다리고 또 기다리며 간 절히 기도한 것을 시인은 파수꾼이 아침을 기다림보다 더한 기다림이 라 표현한다. "파수꾼이 아침을 기다림보다 내 영혼이 주를 더 기다리나 니 참으로 파수꾼이 아침을 기다림보다 더하도다"(시 130:6). 극도의 피 곤 가운데서도 졸거나 포기할 수 없는 기다림, 인간의 기다림 가운데 가 장 학수고대하는 기다림이다. 그런데 이사야는 "여호와께서 기다리시 나니 이는 너희에게 은혜를 베풀려 하심"(사 30:18)이라 했다. 기다리던 하나님께서 달려 나와 "나도 기다렸다!"라며 안아주시는 듯한 그림, 이 게 순례자의 행복이다.

"너무 행복해!"

시편 133편은 하나님 백성들의 연합과 교제의 고귀함을 아름답게 묘사한 노래, 성전에 올라온 지체들, 믿음의 식구들이 다 함께 어울려 축제를 즐긴다. 메시지 성경에서는 "얼마나 멋진가, 얼마나 아름다운가, 형제자매들이 어울려 지내는 모습!"이라고 번역했다. 고립된 개인이 아니라 공동체에 속한 사람들과 함께 일하시는 하나님, 마치 하나님께서 돌아온 순례자를 안고 "너무 행복해!" 감탄하시는 것 같은 그림이다. 하나님이 안아주실 뿐만 아니라 성령의 기름 부으심이 있었던 축제, 그때 드러난 연합의 아름다움과 연합의 축복을 우리도 누려야 한다.

"Bless you!"

시편 134편에 보면 밤새 여호와를 송축한 사람들이 나온다. 송축은 기쁨이자 행복, 그들은 휴식을 포기하고 밤새도록 손을 들고 송축했다. 쌍수를 들고 환영하듯 자연스럽게 손을 들고 기쁨과 평화, 감사와 사랑을 표현한 것이다. 축제 마지막 날, 내일이면 다시 삶의 터전으로 돌아가야 할 순례자들이 아쉬워서 성전을 떠나지 못하고, 밤새 손뼉을 치고 춤을 추며 해피송을 부르자, 제사장이 순례자들을 위해 축도(benediction)를 했던 것 같다. "여호와께서 시온에서 네게 복을 주실지어다"(시 134:3). 하나님께서 안고 "Bless you!" 하시는 것 같은 그림, 밤샘 예배가 행복의 디딤돌이 되었다.